© 1985 Jonas Verlag
für Kunst und Literatur GmbH
Rosenstr. 12/13
D 3550 Marburg 1

Gestaltung Gabriele Rudolph
Druck Beltz, Hemsbach

ISBN 3-922561-40-3

Bodo-Michael Baumunk

DER HO
MODELL-EISENBAHNER
UND SEINE WELT

Jonas Verlag

Aus der Zeit der Blechpaläste	13
Vom erzieherischen Wert	22
Über Stadt und Land	34
Im Grünen	63
Vom Wohnen	67
Vereinsleben	77
Es geht um den Realismus	87
Zentralorgan	103
Rückvergrößerung – ein neues Konzept	108

Es gibt noch etwas, „das allen in die Kindheit scheint und worin noch niemand war". Nein, „Heimat", wie es bei Ernst Bloch nun weitergeht, ist hier nicht gemeint. Es ist ein Land, wo alles anders ist. Wo auf den Bahnhöfen noch Gepäckträger stehen. Wo der Personen- und Gütertransport noch ganz im Griff der Eisenbahn ist, und luftverpestende Brummis höchstens eine Statistenrolle spielen dürfen. Wo liebliche Landschaften und schmuckes Fachwerk vorherrschen, wo der Wildbach klar wie Leitungswasser fließt und klappernde Mühlen antreibt. Wo der Strom nun wirklich aus der Steckdose kommt und nicht, wie man es uns seit Jahren glauben machen möchte, aus Kern- und Kohlekraftwerken. Wo trotzdem alles wie am Schnürchen läuft, wo die „Wurzel der Geschichte" wirkt, der „arbeitende, schaf-

fende, die Gegebenheiten umbildende und überholende Mensch" die Hand am Drücker hat.
Das „Modell Deutschland", das uns ein Wahlkampf der siebziger Jahre verhieß: hier ist es Wirklichkeit geworden, wenn auch nur in maßstäblicher Verkleinerung, die sich in mysteriösen Kürzeln wie H0 (sprich H-Null), N, Z und LGB ausdrückt. Tagtäglich wird in zehntausenden von Wohnzimmern, auf Dachböden, in Hobbykellern und Gemeinschaftswerkstätten die Welt noch einmal erschaffen, nicht besser, nicht schlechter, nur kleiner. Den *Demi*-Demiurgen stehen meist nur ein paar Quadratmeter zur Verfügung, aber ihrer sind viele: zur Zeit gibt es allein hierzulande rund fünf Millionen, die eine elektrische Eisenbahnanlage ihr eigen nennen. Unzählige Arbeitsstunden verwenden die Modelleisenbahner auf ihre von Gleisen durchfurchte Welt im Kleinen.
Dabei sind wir schon umgeben von Verkleinerungen. Das Gegenteil kommt selten vor, bestenfalls zu Lehr- und Veranschaulichungszwecken, um Doppelhelix und Fliegenauge glaubhaft zu machen. Immerhin: Groß und Klein erregen unsere Aufmerksamkeit, die Mitte dagegen kaum. Schon ein so einfacher und plausibler Satz wie: „die Modelleisenbahn ist ein Vergnügen für Groß und Klein" ist eine einzige Ausgrenzung. Was zwischen beidem liegt, muß ständig beweisen, daß es überhaupt existiert. Zum Beispiel der Mittelstand. Kleinbürgertum will er nicht sein, zum Großbürgertum gehört er nicht. Politiker dagegen haben keine Wahl; sie sind zur Mitte verdammt. Schon eine schrille Disproportionalität in der Körpergröße schlägt bei ihnen negativ zu Buche.
Den Sympathiebonus genießt auf jeden Fall das

„Sein Lebenswerk stellt hier Horst-William Siemer aus Lauenbrücke (Krs. Rothenburg/Hann.) vor. Er opferte buchstäblich Haus und Vermögen, um in über 20 Jahren mit einem Aufwand von bisher 900 000 Mark die wohl größte Modelleisenbahnanlage der Welt zu bauen. Auf über 10 km Schienenwegen laufen 112 Züge. Insgesamt sind 464 Lokomotiven vorhanden."

Kleine, obwohl wir von Großstrukturen geprägt sind, von Großbaustellen bis Großraumflugzeugen. Auch von Wirtschaft und Politik erwartet man Größe und rafft kleindimensionierte Staatswesen Europas einfach zu einem Wortmonster wie „Benelux" zusammen. Vielleicht sind wir deswegen ständig dabei, alles Mögliche zu verkleinern, um es niedlich zu finden. An der Wohnzimmer-

Auf dem Berliner Weihnachtsmarkt in den Messehallen am Funkturm 1953

wand hängt der Setzkasten voller minimalisierter Porzellanvasen, Kaffeemühlen, Engelchen und ausgefallener Backenzähnchen. Den Garten bevölkern Zwerge und Rehlein. Den Balkon ziert der Bonsai, die Schrankwand eine ganze Parade europäischer Architekturhöhepunkte, was ganz

wörtlich zu nehmen ist, denn meist handelt es sich um Höchstbauten mit Aussichtsplattformen: Kölner Dom, Eiffelturm, Europa-Center, Ulmer Münster oder Campanile von Pisa, dessen besondere Delikatesse noch darin besteht, daß er nicht eingestürzt ist, als man selbst sich auf ihm befand.
Wozu man aufschauen mußte, was man mühsam zu erklimmen hatte, um jenen Blick zu genießen, den auch der Modellbahner über seine Anlage schweifen lassen kann – auf das kann nun herabgeschaut werden in Erinnerung an schöne Urlaubstage.
Oft verbindet sich mit dem Kleinen die Erwartung, daß es einem nützt: Der Mikrochip. Oder die fleißige Ameise, die ein Mehrfaches ihres Körpergewichts tragen kann. Oder die kleinen „dienstbaren Geister" aus Sage, Dichtung und Werbung, von den Heinzelmännchen zu Köln vordem bis zum „Wannenwichtel" unserer Tage. Um so größer der Schreck, wenn die Kleinen plötzlich in der Übermacht sind, und es einem ergeht wie Gulliver im Lande Liliput oder den Gruselfilmopfern, die sich Mäuseinvasionen und Käferattacken ausgesetzt sehen.
Eine Sonderform von Verkleinerung, die verfügbar macht, ist das Fernsehen. Mit ihm hat man die ganze Welt im Kasten. Meint man. Immerhin ist hier schon eine gewisse Verwandtschaft zur Modelleisenbahn gegeben, zumindest wenn man über eine Fernbedienung verfügt. Damit läßt sich schon in einem fort der Sender wechseln, die Lautstärke rauf- und runterfahren, die Farbe entziehen oder noch einen Schlag davon draufsetzen. Freilich: am Programm kann man nichts ändern. An der Welt auch nicht? Wenn sie schlecht ist, muß es am Kanal liegen.

Modell im Marshall-Haus, Berlin

Was mag es nun sein, das uns alle so an der Miniatureisenbahn entzückt? Was mag der Bastler vor Augen haben, wenn er sich ans Werk macht? Will er ein Abbild der Wirklichkeit schaffen oder den Entwurf einer geordneten Gegenwelt? Müssen wir gar in jener millionenfachen Weltverkleinerung bereits Symptome der von postmodernsten Philosophien beschworenen „Agonie des Realen" sehen, als Spielzeug getarnte Simulationsmodule, mit einer selbst zum puren Blendwerk gewordenen „Wirklichkeit" draußen im Lande in verworrener Beziehung von Tausch und Täuschung verbunden?

Aus der Zeit der Blechpaläste

Die Geschichte der Modelleisenbahn verläuft zumindest in den Augen ihrer Theoretiker in einer bestimmten Bewegungsrichtung, die sich vereinfacht als Fortschritt bezeichnen ließe. Für viele gilt der Endpunkt der Entwicklung, die von Menschenhand nicht mehr zu übertreffende Perfektion der Verkleinerung, bereits als erreicht. Die Rückschläge auf dem Weg zum „Realismus" entsprechen den Zäsuren der neueren deutschen Geschichte und sind als verlangsamende Reaktionen der Modellbahnproduzenten auf geschrumpfte Kaufkraft und Märkte nach den beiden Weltkriegen zu verstehen. Die Frühgeschichte der Modelleisenbahn ist schon mehrfach eingehend beschrieben worden und soll hier nur kurz gestreift werden.[1] Am Anfang standen – nachweisbar seit den 1850er Jahren – die „Bodenläufer", grob vereinfachte Lokomotivnachbildungen aus verzinntem Eisenblech ohne Schienen und Antriebsmechanismus, vom Kinde gezogen an einer Schnur. Vereinzelt lassen sich aber auch schon mit Dampf betriebene Spielzeuglokomotiven nachweisen. Im Jahre 1882 ist gar schon von der ersten elektrischen Modelleisenbahn die Rede. Das Uhrwerk blieb noch bis nach 1945 für die billigsten Angebote der Spielwarenhersteller üblich, während alle anderen nichtelektrischen Antriebsarten nach und nach verschwanden.

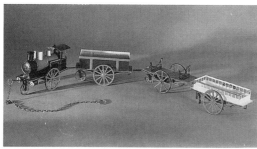

Die Weichen für die Zukunft der Modellbahn wurden im Jahr 1891 gestellt, als die Göppinger Firma Märklin auf der Leipziger Messe erstmals eine „Systembahn" vorstellte, zu der Loks, Waggons, Schienen und auch schon eine Reihe von Zubehörelementen gehörten. Märklin führte noch vor der Jahrhundertwende einheitliche Spurweiten ein, deren Abmessungen die meisten Hersteller des In- und Auslandes übernahmen.

Einen entscheidenden Zeitraum für die Entwicklung vom Spielzeug zur Modellbahn bildeten die 30er Jahre, als einige Hersteller damit begannen, ihre Fahrzeuge nicht mehr aus Blech, sondern aus Metallguß herzustellen, wodurch eine um ein Vielfaches genauere und detailliertere Ausführung möglich wurde. Hand in Hand damit ging eine immer stärkere Beziehung der Modelle auf wirkliche Vor-

bilder, z.B. die Einheitslokomotiven der 1920 gegründeten Reichsbahn von Borsig und Henschel, die Märklin wenige Jahre nach ihrer Einführung ins Produktionsprogramm übernahm. Auch setzte mit der neuen Spur 00 der Trend zur „Tischbahn", d.h. zu kleineren Maßstäben ein. Ab 1950 begann der Siegeszug der zwar schon um 1923 kreierten, aber erst in den 30er Jahren in größeren Serien produzierten Spurweite H0 durch, die dem Maßstab 1:87 entspricht. Im Jahre 1960 stellte das Nürnberger Unternehmen Arnold die etwas kleinere Spur N vor, Fleischmann und Trix schlossen sich an, während Märklin 1972 mit der Spurweite Z (1:220) seines schon im Namen Exklusivität beanspruchenden „Mini-Clubs" die vorerst kleinste Modellbahn schuf. Am weitesten verbreitet ist aber nach wie vor die Spur H0.

Wie die Branche schon in früheren Jahrzehnten selbst avantgardistische Neuheiten der Bahn wie den 1931 fertiggestellten legendären „Schienenzeppelin" sofort ins Modell umsetzte, finden sich im heutigen Sortiment auch schon Objekte, die der Entwicklung der Bundesbahn vorauseilen: so zum Beispiel der ICE, der Intercity-Experimentalzug. Die Bundesbahn ihrerseits benutzt auf Messen und Ausstellungen die Modellzüge dieses Typs, um zu demonstrieren, wie sehr sie die Umwelt schützt. Denn die Neubautrasse Hannover-Würzburg, auf der diese Züge dereinst mit 250 km/st dahindonnern werden, ist reichlich umstritten. Zugleich weisen die Modelle daraufhin, daß der Realismusanspruch der Modelleisenbahnanlagen hier einen kritischen Punkt erreicht. Die Trassen der Bundesbahn stammen durchweg aus dem letzten Jahrhundert. Kurvenreich und eng winden sie sich durch schmale Mittelgebirgstäler und an Flußläufen entlang, führen durch Kleinstädte und an Dörfern vorbei, in denen die Fernverbindungen ohnehin nicht halten müssen. Dieses Bild konnte die Modellbahnanlage glaubwürdig wiedergeben. Die genannte Neubaustrecke hingegen ist fast schnurgerade, durchtunnelt die früher im Walzertakt umfahrenen Berge und überbrückt die Täler in schwindelnden Höhen, um Steigungen zu vermeiden. So dürfte die Modellanlage mehr und mehr einen Zustand konservieren, der vom Jahr 2000 an wenig mit der Wirklichkeit zu tun hat.

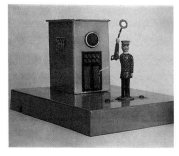

Das „Zubehör" der Spieleisenbahn beschränkte sich anfangs ganz auf den Zugbetrieb und wurde dementsprechend von den Herstellern selbst produziert: Signale, Stellwerke für die Weichen, Bahnhöfe, Lokschuppen, Wassertanks, Ladekräne, Brükken, beschrankte Bahnübergänge mit Bahnwärterhäuschen. Felsstrukturen und Begrünung aufs einfachste nachempfindende Tunnelbauten und kleine Berge, die meistens Burg und Turm krönten, kamen hinzu. Vereinzelte Dorfhäuser, Kirchen, Bäumchen und Menschlein brachten

die stilbildende Note ins Anlagenbild: Die Grundstruktur der Eisenbahnanlage, wie sie noch bis in die heutige Zeit hineinreicht, war um die Jahrhundertwende fertig.

Das Herzstück der Anlage bildeten naturgemäß die Bahnhöfe. Wegen der großen Spurweiten fielen sie entsprechend voluminös aus, so daß sie später als „Blechpaläste" bespöttelt wurden, was sich sowohl auf die Beschaffenheit ihres Baumaterials als auch auf eine geradezu phantastische Vielfalt ihrer Stilzitate und den Reichtum ihrer Ausstattung bezog. Die verzierten Empfangsgebäude mit mehreren Flügeln und Türmen folgten keinen wirklichen Vorbildern. Erst 1930 stellte Märklin eine Nachbildung des Stuttgarter Hauptbahnhofs vor, der sich wegen seiner Ausdehnung zu keiner auf dem Markt befindlichen Spurweite

maßstäblich verhielt. Dafür konnte aber ein Bahnhofsbau ins Spiel einbezogen werden, dessen an

17

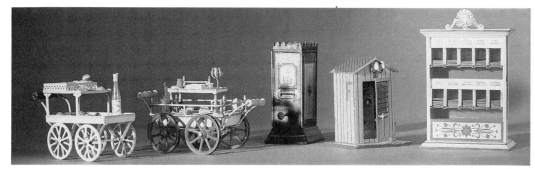

Stadttore erinnernde Rundbogenfassade mit mächtigem Turm und rustiziertem Mauerwerk ein ebenso weltberühmtes wie jedem Kinde augenfälliges Beispiel für „architecture parlante" des Eisenbahnzeitalters darstellte.

Stilistische Annäherungen an den Zeitgeschmack im Bauwesen der Bahn traten allerdings auch bei den nicht vorbildgebundenen Bahnhöfen ein. Nicht nur, daß die Prunkbauten eher kleinstädtischen und dörflichen Größenordnungen wichen, auch die einfacheren Formen der Neuen Sachlichkeit im Zweckbau der Reichsbahn nach dem 1. Weltkrieg hinterließen ihre Spuren. Die Bahnhöfe

Der Stuttgarter Hauptbahnhof als Märklin-Modell

ließen sich beleuchten, anfangs mit Kerzen, später mit elektrischen Glühbirnen. Eine Fülle von Zubehördetails ergänzte ihr Erscheinungsbild; kleine Fahrkartenautomaten und Regale, in deren Fächern die Billetts gestapelt lagen. Buffetwagen, auf denen Würste, Hefeteigpfannkuchen, Orangen, belegte Brötchen, Limonade und Bier in Flaschen feilgeboten wurden – nichts davon maßstäblich, aber alles zum Greifen nahe. Fahrbare Zeitungskioske hielten papierene Verkleinerungen bekannter deutschsprachiger Blätter bereit. Funktionstüchtige Richtungsanzeiger, Uhren mit beweglichen Zeigern, Läutewerke und nicht zuletzt das Bahnhofsklo mit richtigen Türen machten das Bild vollkommen.

Eisenbahnspielen muß in früheren Tagen ein elementares Vergnügen gewesen sein, das alle Sinne

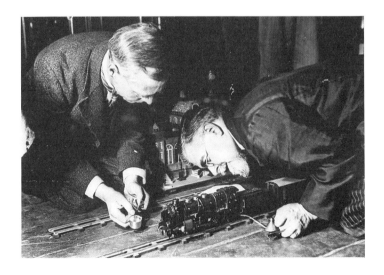

ansprach; wo es lärmte und zischte, qualmte, kokelte und stank. „Abenteuerlich war der Betrieb der Elektrolok schon: mit Netzspannung, nur mit einem dazwischengeschalteten Lampenwiderstand zur Geschwindigkeitsregelung, fuhren die Bahnen der vier Spurweiten über die Schienen. Befand sich keine Lok auf dem Gleis, so lag die volle Netzspannung, an den Schienen! Zu jener Zeit war man in solchen Dingen nicht gerade kleinlich, denn bestimmt spritzten manchmal die elektrischen Funken dank der Netzspannung und bestimmt hat es beim Betrieb der mit Spiritus oft zu eifrig beheizten Dampflokomotiven kleine Katastrophen gegeben. Die enorme Dampfentwicklung ließ zuweilen die Lokomotiven zu hohe Geschwindigkeiten erreichen, die für die Kurvenfahrt nicht immer zuträglich waren. Das Herausfliegen der Loks aus den Kurven und der auslaufende Spiritus haben sicherlich so manches Brandloch im Teppich oder Schlimmeres hinterlassen."[2]
Intensiver mag auch die unmittelbare Beteiligung des spielenden Knaben – denn für ihn allein war das damals alles noch gedacht – am Geschehen auf der Anlage gewesen sein: „Komplette Schaffnerausstattungen mit Mütze, Umhängetaschen, Trillerpfeife und Knipszange gaben dem kleinen Eisenbahner die nötige Würde, um seinen Pflichten nachkommen zu können. Spielereien? Oder doch Dinge, die mit dem wirklichen Eisenbahnbetrieb mehr im Einklang stehen, als nur auf Knöpfe eines Schaltpultes zu drücken?"[3] Die kritische Bemerkung des Modellbahnhistorikers Gustav Reder stellt den Ausschließlichkeitsanspruch des heutigen Modellbahnwesens, allein das „realistische" Bild der Eisenbahn und ihres Umfeldes zu

vertreten, immerhin andeutungsweise in Frage. Denn offensichtlich brachte die Verfeinerung der Modelle und die üppige Ausstattung der Anlagen mit immer raffinierteren Zutaten auch Verluste an handgreiflichem Eisenbahnerlebnis mit sich. Kann man wirklich sagen, daß ein Dampflokmodell aus Spritzguß mit einem digitalisierten Innenleben dichter an der Realität des Originals ist als ein äußerlich wohl unbeholfeneres, aber sichtlich mechanisch hergestelltes, in seinem Material dem Vorbild verwandteres, zudem mit Dampf betriebenes Lokomotivmodell von damals? Kein nostalgisches Plädoyer für den Charme des Unvollkommenen, schon gar nicht ein Aufrechnen des vermeintlich Authentischen im alten Blech gegen Plastik und zeitgerechte Technik ist hier am Platze. Jedoch muß man anerkennen, daß es sich hier um zwei gleichwertige Realismen handelt: damals ein Realismus der Aktion, heute einer des bloßen Schauwertes. Und auch der stellt sich in der erwünschten, „täuschend echten" Perfektion nicht einmal für das Menschenauge direkt ein, sondern erst für eine spezialisierte Fotolinse.

Vom erzieherischen Wert

E. Diekmann, Knabe mit Eisenbahn, 1929

Mit Spielzeug haben die heutigen Modelleisenbahnen nicht mehr viel zu tun. Dabei liegen ihre historischen Ursprünge allein in den Bemühungen einer gegenwartsbewußten Pädagogik des 19. Jahrhunderts, die Heranwachsenden mit Hilfe von technischem Spielzeug für die Bedürfnisse des Zeitalters zu erziehen und zwar nicht nur, indem sie sich mit technischen Abläufen vertraut machten, sondern auch dadurch, daß sie sich spielerisch die Tugenden der industriellen Arbeits- und Lebenswelt zu eigen machten. Der Eisenbahn kam dabei – sei es im Spiel oder in der Wirklichkeit – eine Schlüsselrolle zu, die ein Essay aus dem Jahre 1898 über die „Einwirkung der Eisenbahnen auf Volksleben und culturelle Entwicklung" folgendermaßen beschreibt: „Die

Eisenbahnen, die wie grosse Nationaluhren wirken, verlangen genaue Einhaltung der Zeit, und zwingen Alle, die sich ihrer bedienen, sich nach der bei ihnen geltenden strikten Ordnung zu richten. Sie erziehen hierdurch zweifellos in hervorragender Weise zu Pünktlichkeit und Schätzung des Zeitwerthes, zum raschen Entschliessen sowie zum Vorgehen und Handeln ohne alle Umständlichkeit; Eigenschaften, die sich dann auf das Handeln im Leben überhaupt übertragen."[4] Nur selten wird die Spielzeugeisenbahn in einer so rigiden Weise als Diziplinierungsinstrument eingesetzt worden sein, wie es der Krupp-Biograph William Manchester ausmalt, wenn er von der Kindererziehung im Haushalt Gustav Krupps von Bohlen und Halbach der 20er Jahre erzählt: „Reichsbahnbeamte machten sich über seine aus Kursbüchern bestehende Ferienlektüre lustig. Wäre ihnen Gustavs Miniatureisenbahn in der im zweiten Stock von Villa Hügel gelegenen Gemäldegalerie bekannt gewesen, hätten sie beschämt geschwiegen. Genaugenommen gehörte die Eisenbahn den Kindern. In Wirklichkeit wurden sie hier nur zur Arbeit angehalten. Sein meisterhafter Terminplan forderte von ihm, den Kindern sechzig Minuten pro Woche zu widmen, und er verbrachte die Zeit damit, daß er sie zusehen ließ, wie er den Transformator handhabte. Die ganze Anlage bestand aus einem ausgeklügelten Schienennetz mit vierspurigen Unterführungen, dreispurigen Weichen, Drehscheiben und winzigen Reparaturbetrieben. Auch an Fahrpläne war gedacht. Diese aufzustellen war Aufgabe der jungen Generation; Gustav behielt sich die Prüfung vor. Mit der Stoppuhr in der Hand beobachtete er die Fahrt der Lokomotiven, die Übernahme von

Familie Eisenhower am Weihnachtsabend

Kohle, das Ein- und Aussteigen der Fahrgäste und das Be- und Entladen der Güterwagen. Das sei, wie er seinen Söhnen und Töchtern erklärte, eine gute Übung für sie."[5]

Auch heute betonen Autoren zum Thema Modelleisenbahn die pädagogische Funktion. Doch geht es dabei natürlich nicht mehr um solche ehernen Tugendideale wie in den eben zitierten Texten. Auch nicht so sehr um das kindliche Erlernen technischer Elementarkenntnisse – da ist die elektrische Bahn heute entweder zu kompliziert oder – im Zeitalter präpubertärer Computerkids – schon vergleichsweise uninteressant. Vielmehr soll die Modelleisenbahn „Aufgeschlossenheit gegenüber technischen Innovationen" wecken und mithelfen, „sogenannte Technikfeindlichkeit heute mitzuüberwinden, da ihre Wirkung auch von dem der Technik gegenüber kritisch eingestellten Teil der Bevölkerung anerkannt wird. Insofern reicht auch der didaktische Wert der elektrischen Eisenbahn in gesellschaftspolitische Auffassungen hinein, zumindest was ihre Zielgruppen angeht."[6] Ein derart treuherziger Werbetext wäre noch vor zehn Jahren nicht einmal als Gesellenstück für die ideologiekritische Demaskierprüfung zugelassen worden.

Ein weitverbreiteter Leitfaden für den praktischen Modellbau bezeichnet denselben als erzieherische „Zauberwaffe" (Waffe!), deren Nutzen er in „einer harmonischen Zusammenarbeit zwischen Vater und Sohn"[7] sieht. Trotzdem: es ist eher eine Pflicht, der in solchen Sätzen Genüge getan wird. Sie täuschen kaum über den Umstand hinweg,

daß die Millionenschar der Modelleisenbahnliebhaber sich im wesentlichen in zwei Kategorien teilt, die außer dem marktüblichen Zubehör und dem rollenden Material wenig miteinander gemein haben. Einerseits das anarchistisch operierende Kind, das die Gleise quer durch die Wohnung legt, unter Tisch und Bett hindurch, die kleinen Züge zum Transport des Goldhamsters mißbraucht und gräßliche Unfälle herbeimanipuliert, um das langweilige Abschnurren immer desselben Schienenovals zu unterbrechen. Eine Art des Umgangs mit der Sache, für die der Ernsteisenbahner nur Geringschätzung übrig hat: „... eine Spielzeugbahn, die unmotiviert im Kreise herumfährt, auf einer Strecke, die weder eine rechte Daseinsberechtigung hat noch eine Einheit mit der Umgebung abgibt, ist bestenfalls dazu geeignet, das kurzzeitige Interesse der Allerjüngsten zu wecken".[8]

Andererseits der Besitzer einer festinstallierten Anlage mit System, der weder Kosten noch Mühen scheut und der Modelleisenbahn mit Hingabe seine Freizeit opfert. Im allgemeinen wird es sich dabei um einen Erwachsenen handeln – schon der Kosten des Hobbys wegen: Unter 120 Mark ist kaum eine Lok zu haben, die hohen Ansprüchen genügt. Längst hat sich der gesamte Markt auf die Erwachsenen, d.h. die wählerischen und überlegten Modelleisenbahner orientiert. Der einzige Ausweg für die Branche endet jedoch möglicherweise in einem Dilemma. So fragte sich die FAZ anläßlich des 125jährigen Bestehens der Gebr. Märklin & Cie., „ob das derzeitige Programm trotz seines großen Umfanges noch Wachstumsmöglichkeiten für die weitere Zukunft bietet. Das wirtschaftliche Umfeld ist nämlich alles andere als günstig. Die Zahl der jungen Menschen zwischen sechs und zehn Jahren, die wichtige Zielgruppe der Anfänger wird jedes Jahr kleiner. Zwar nimmt im Gegenzug die Beschäftigungsintensität vieler Erwachsener mit Modellbahnen zu, doch dürfte das kaum einen vollen Ausgleich bringen, schon allein deshalb nicht, weil der Wettbewerb anderer Möglichkeiten der Freizeitgestaltung noch schärfer wird."[9]

Zu den Strategien, sich auf diesem Markt zu behaupten, auf dem im Laufe der rund hundertjährigen Geschichte der Miniatureisenbahn schon manches marktführende, in der Qualität seiner Erzeugnisse erstrangige Unternehmen wie die Nürnberger Firmen Schoenner oder Bing auf der Strecke geblieben sind, gehört heute ein dynamischer Umgang mit dem Sortiment. War es

bis vor Jahren üblich, eine Vielzahl von Waggon- und Lokmodellen vorrätig zu haben – allein an die 30 verschiedene Modelle von Dampflokomotiven sind in H0 lieferbar –, werden jetzt häufig einmalige und darum kaufstimulierende Sonderauflagen herausgebracht. Soeben, um ein Beispiel zu nennen, von dem Nürnberger Unternehmen Fleischmann „der typische romantische Bummelzug nach Bitterfeld" und eine weitere Geschenkpackung mit besonders feingearbeiteten Waggons und Lokomotiven der ehemaligen preußischen Staatsbahnen. Es ist zu vermuten, daß solche nostalgischen Spitzenprodukte ihre Freunde und Käufer nur unter passionierten Modellbahnern finden. Und nicht zuletzt Sammlern, denn im Hinblick auf den Antiquitätenmarkt für altes Eisenbahnspielzeug, wo seltene Stücke aus Sonderserien längst sechsstellige Auktionserlöse erzielen, kauft man bereits die Pretiosen von morgen.

Detail- und Maßstabsgenauigkeit als Grundwerte der heutigen Modelleisenbahn zielen bereits gänzlich auf die Erwartungen einer vom Berufsleben vorgeprägten Erwachsenenwelt ab. Symptom für die Umschichtung in der Zielgruppe der Modellbahnproduktion ist aber auch der enorme quantitative und qualitative Zuwachs des „Zubehörs", also der Landschaft und Architektur auf der Modellanlage. Welches Kinderherz schlüge schon höher bei dem Gedanken, ein „Archivgebäude" oder ein „Grand Hotel" in sein Spiel aufnehmen zu können? Zugleich eröffnet sich mit der Expansion des Anlagenzubehörs eine unerwartete, völlig neuartige Perspektive: es ist nämlich auch geeignet, in letzter Konsequenz die Vorherrschaft der elektrischen Eisenbahn auf der Eisenbahnanlage in Frage zu stellen. Der flächendeckende Städtebau, wie er von einigen Herstellern der Zubehörindustrie propagiert und beliefert wird, kann durchaus zur Eisenbahnanlage ohne Eisenbahn führen. Die Stadtmodellarchitekturen sind längst schon, wie bei der Firma Pola zu hören ist, auch für Leute gedacht, die nicht Lokomotiven sammeln sondern Autos – zwanzig Jahre alte Wikingmodelle haben einen solchen Wertzuwachs erlangt, daß jedermann dringend zu empfehlen ist, seine längst vergessene Spielkiste zu durchwühlen und sich damit eine Zusatzrente zu sichern.

Schon melden Pessimisten Zweifel an, ob die

Modelleisenbahn noch eine Zukunft hat, wo Reiseassoziationen eher mit Wohnmobil und Charterjumbo zu tun haben, wo das Ureisenbahnerlebnis aus Kinderglück und Fernweh, Urlaubsfreuden und lebensgeschichtlicher Tragik, Abschied und Erwartung in Kriegs- und Nachkriegstagen, geheimer Angst und Erotik der Eisenbahnfahrt nicht mehr das Unterfutter für die Lust aufs Modell abgeben: „Eine Generation, die fast ausschließlich mit dem Auto oder dem Flugzeug das Abenteuer 'Reisen' erlebt oder bestenfalls in geschniegelten oder hochglanzpolierten 'Blechbüchsen' uniformen Aussehens, die mit gleichförmigem Geräusch über hunderte Kilometer lückenlos geschweißten Gleises dahinschweben! Kein Dampf! Kein Tuckern der Schienenstöße! Keine, keine, keine ... kann denn diese Generation unsere 'romantische' Einstellung zur Modellbahn haben?"[10]

Prominentester Modelleisenbahner vor 1945 war zweifellos Hermann Göring, preußischer Ministerpräsident, Reichsmarschall und Reichsjägermeister. In einem 25 Meter langen Dachstockraum seines Landsitzes „Karinhall" in der Schorfheide hatte er seine Anlage aufgebaut, die er Besuchern wie dem Herzog und der Herzogin von Windsor im Oktober 1937 gerne vorführte. Dabei spielte er noch mit einem kleinen Flugzeug, das hölzerne Bomben über den Gleisen abwarf. Viele dachten, er meine es nicht ernst, und fanden ihn trotzdem nett. In den letzten Kriegswochen ließ er „Karinhall" ausräumen, dann flog das Haus in die Luft. Ob die Eisenbahnanlage zusammen mit Görings in Europa zusammengeraubten Kunstschätzen verpackt und weggeschafft wurde, ist unbekannt.[11]

Der spätere Chemielaborant Eberhard S. (1925 bis 1980) wuchs in einem geräumigen Haus in Berlin-Lichterfelde auf. Von Kindesbeinen an war die Modelleisenbahn, genauer jeder schienengebundene Verkehr sein Hobby. „Eberles" Vater hatte im Haus und im Garten eine große Anlage gebaut, die er ebenso wie die einzelnen Fahrzeuge mit minutiösen Angaben über Blende und Belichtungszeit fotografierte. Die Fotos stammen aus der Zeit zwischen 1928 und ca. 1937; beim näheren Hinsehen wird man durchaus zeittypische Details entdecken. Nach dem Krieg, so beschreibt es ein Verwandter, konnte Eberhard S. „diesem Hobby mangels Raum nur über die Literatur frönen".

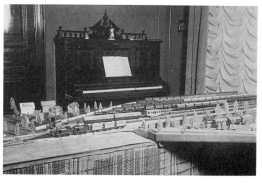

Über Stadt und Land

Die weitaus meisten Modellbauer werden heute bei der Gestaltung ihrer Anlage auf das Angebot der Zubehörindustrie zurückgreifen – 99 %, wie Schätzungen lauten. Die Versuchung ist darum nicht gering, in den jährlich, d.h. von einer Nürnberger Spielwarenmesse zur nächsten erscheinenden Katalogen diejenige Architektur auszumachen, die der Bürger in seiner alltäglichen Umgebung am liebsten sähe, wenn er die Wahl hätte. Die Programmgestalter und architekturkundigen Berater dieser Unternehmen, sagt man sich sodann, müssen ihrerseits einen geschmackbildenden Einfluß auf kindliche wie erwachsene Bastler haben, dessen praktische Auswirkungen kaum überschätzt werden können.

Es ist aber alles viel einfacher. Wolfram Vollmer fährt sonntags mit den Kindern spazieren und sucht sich geeignete Motive aus. Pola-Eigner Pollak setzte sich mit seinem Mitarbeiter Heinkel in den Wagen und bereiste die Schweiz auf der Suche nach dem idealen „Dörfli", das mit einer Minox-Kamera festgehalten wurde. An einigen von Fallers Bahnhöfen und Wohnhäuschen kann man bis heute frühe Urlaubsreisen des Prinzipals in den Süden nachvollziehen, und einer der größten Verkaufserfolge der Firma war Edwin Fallers eigener Bungalow im Schwarzwalddorf Gütenbach.

Um dorthin zu gelangen, wo die Architektur der deutschen und zu einem überwiegenden Teil auch der ausländischen Eisenbahnanlagen produziert wird, sollte man die Eisenbahn besser nicht benutzen. Bei dreimaligem Umsteigen in Tuttlingen, Donaueschingen und Furtwangen ist man fast sechs Stunden unterwegs, um von Stuttgart aus jenes Tal zu erreichen, in dem zwischen sterbenden Tannenwäldern und beherrscht von den beiden Geschlechtertürmen der Gebr. Faller GmbH sowie dem genannten Bungalow das Dorf Gütenbach liegt, welches seit dem Krieg weitgehend

von Faller lebt. Die Noch GmbH & Co, spezialisiert auf Grünmaterial, Landschaftsprofile, Straßenbeläge und Figuren sitzt in Wangen im Allgäu, die Firma Vollmer in Stuttgart, Kindler & Briel („Kibri") in Böblingen und das vor allem für seine Straßenlaternen *en miniature* bekannte Unternehmen Brawa in Waiblingen. Mit Ausnahme von Pola, das sich im beschaulichen Rothhausen bei Schweinfurt angesiedelt hat, sowie dem Figuren-Hersteller Preiser in Rothenburg, ist hier also eine deutliche Konzentration im deutschen Südwesten zu verzeichnen, die für das Produktionsprogramm nicht ohne stilistische Auswirkungen bleiben kann.

Um das Landschafts- und Städtebild zu verstehen, das die deutschen Modelleisenbahnen vermitteln, lohnt sich ein Blick auf die Region: Baden-Württemberg ist Musterland auch im Sinne unseres Themas. Ein ausgewogenes Verhältnis von Stadt und Land, romantische Mittelgebirge, durch die sich früher Nebenbahnen auf engen, kurvenreichen, über tiefe Schluchten führenden Trassen schlängelten — kein besseres Vorbild konnte sich der Modellbahner von Anfang an wünschen, dessen Streckennetz notgedrungen dicht und gewunden, dessen gesamte Anlage möglichst vielfältig im Wechsel von Berg und Tal, Häusern und Bäumen sein mußte. Selbst für die Ritterburg auf der Höhe gab es hier Urbilder wie den auch heute von Faller nachgebildeten „Lichtenstein", dessen Ge-

schichte früher jedem schwäbischen Knaben durch den als Konfirmationsgeschenk beliebten Roman von Wilhelm Hauff geläufig war.

Heute ist Baden-Württemberg das reichste und glücklichste aller Bundesländer, nicht zuletzt weil seine Arbeitslosenrate mit 5,1 % die niedrigste der Republik ist. Rückgrat der Prosperität ist neben den großen Weltkonzernen wie Daimler-Benz und Bosch das „Fabrikle", das seit seiner Gründung um 1860 irgendeine Präzisionsmaschine herstellt und dafür – Weltkriegen, Wirtschaftskrisen und japanischer Konkurrenz zum Possen – immer noch ein Weltmonopol hält. Die Menschen, ob sie nun „Kurz" oder „Lang", „Frühauf" oder "Späth" heißen, sind von geradezu sprichwörtlichem Fleiß, dem sie auch überall kleine Denkmäler setzen. Ja, Baden-Württemberg ist sicher das einzige Bundesland, das aus der Vogelperspektive, wenn nicht aus einigen tausend Meter Flughöhe auszumachen ist an einer Art weißlich-grauem Mehltau,

der sich in der Nähe von Autobahnanschlüssen verdichtet und sich beim näheren Hinsehen als Agglomeration von Ein- bis Zweifamilienhäusern herausstellt. Besonders gut heben sie

sich im Remstal, einem einstmals lieblichen Landstrich mit hübschen Weinbauerndörfern in der Nähe von Stuttgart, vor der Wüstenei flurbereinigter Rebstockplantagen ab.

Die Landeshauptstadt Stuttgart hält sich einige unverwechselbare Wahrzeichen wie den Fernsehturm, den Hauptbahnhof und neuerdings die Neue Staatsgalerie von James Stirling. Für Modellanlagen sind sie viel zu groß, für Stuttgart im Grunde auch. Freilich sind sie auch deshalb eine städtische Notwendigkeit, weil man die Stadt ansonsten schon nach einem halben Jahr Abwesenheit nicht mehr wiedererkennen würde, denn hier werden in diesen Zeitabständen noch immer ganze Wohnviertel niedergelegt. Die Liquidierung altstädtischer Reste der Vorkriegszeit ist wahrscheinlich in keiner deutschen Großstadt mit ähnlicher Emsigkeit betrieben worden. An den vom Krieg verschonten Rändern des Zentrums, in Neckar- und Hauptstätterstraße gab es noch viel gediegene spätklassizistische Bürgerarchitektur – alles weg. In den zwanziger Jahren hatte die Stadt vorgemacht, wie geglückt die Synthese aus alten Giebelhäusern und selbstbewußter Architekturmoderne sein kann – z.B. in der Eberhardstraße, wo das Kaufhaus Schocken von Mendelsohn stand, wo sich aus jahrhundertealten Zwei- und Dreistöckern wie dem Geburtshaus des Philosophen Hegel steil und fast manhattanhaft der „Tagblatt-Turm" erhob, eines der wenigen wirklichen Hochhäuser, die vor dem Krieg in Deutschland gebaut wurden. Das Schockenhaus fiel 1961, der Tagblatt-Turm, dessen Existenz Anfang der siebziger Jahre auch wackelte, durfte nach einer demütigenden Banalisierung seines Erscheinungsbildes stehen bleiben. Das Hegel-

Die Landeshauptstadt Stuttgart, Hegelhaus

Haus rettete der prominente Name; gelohnt hat es sich kaum, denn zu sehen bekommen es zumindest Fußgänger kaum. Sie haben in eine düstere Unterführung abzutauchen, wollen sie nicht von herrischen Huptönen aus der Richtung dreizackig besternter Kühlerhauben Bescheid bekommen, wo sie hingehören. Stuttgart ist eine besonders autogerechte Stadt. Eine Schnellstraße für die Eigenheimbesitzer im Remstal teilt das Gemeinwesen in zwei füreinander fast unerreichbare Teile; nur Eingeweihten, wie etwa den häufigen Besuchern des anbei gelegenen Opernhauses sind vereinzelte unter- und überirdische Korridore bekannt. Doch auch in dieser Stadt, in der Flaneuren die Körperstrafe des Überfahrenwerdens droht, erkannte man, daß ein paar Gemütsecken unvermeidlich sind, schon des Antiquitätenhandels, der Töpferboutiquen und Wienerwaldrestaurants wegen und als Szenario für Straßenfeste. Gesucht und gefunden wurde

eine etwas heruntergekommene, aber innerstädtische Altbauzeile: die Calwer Straße.
Das Ergebnis bestand in der anmutig-verspielten Calwer Passage, vor allem aber in einem „historischen", und das heißt im neudeutschen Sprachgebrauch immer: verniedlichenden Herausputz des verbliebenen Altbaubestandes, über den der Architekturkritiker Frank Werner 1980 schrieb: „Der 'neualte' Rest, von dem hin und wieder nichts als ein Fassaden-Wandschirm übrigblieb, wurde auf ein solides Image getrimmt, das einem Stuttgarter Desiderat, nämlich touristischer Altstadtseligkeit entsprechen sollte. Besonders die im guten alten 'Stil' wiederaufgebauten Häuser strahlen heute einen uniformen Charme aus, der wahrscheinlich von der retortenhaft industriell gefertigten ikonographischen Überkrustung der Fassaden herrührt. Unterschiedliche Geranienkästen, denen man dennoch das gleiche Fabrikat ansieht, künstlich verkomplizierte Fensterverda-

Die Calwer Straße in Stuttgart

chungen und Gesimse, die noch dazu an einigen Stellen widersinning angebracht sind, falsche Fenstersprossen und Butzenscheiben sowie ein zwecks pittoresker Erbauung freigelegtes konstruktives Fachwerk schlichtester Provenienz, all das und vieles mehr weckt bei Fachleuten auch heute noch Verunsicherung und Unbehagen, vermag Laien allen Anschein nach aber dennoch in nostalgische Altstadteuphorien zu versetzen. Dabei wären Dinge wie antikisierende Wirtshausschilder, heimelige Markisen oder verniedlichte Vitrinen gar nicht der Rede wert, hätten die Architekten den Gesamtkomplex nicht erklärtermaßen bis in das kleinste Detail 'zurechtgestylt'."[12]

Am schönsten wirkt Stuttgart – wie eine Modelleisenbahnanlage – von oben, also von weitem. Noch kann man dies mit Hilfe der Straßenbahn erleben, deren panoramatische Fahrt über die Höhenzüge bereits die Ehre eines Dichterwortes zuteilwurde (was sonst nur der Berliner S-Bahn passiert, und da eher zu oft): damals als Peter Handke den Schriftstellerkollegen Hermann Lenz besuchte, bevor sich dieser nach München absetzte. Heute wird die Strecke zu einer Autorennbahn ausgebaut und die Straßenbahn

kostenaufwendig unter die Erde verbannt, was aber immerhin gewährleistet, daß sie noch eine Weile am Rande der ökonomischen Unsinnigkeit fortexistiert, denn in Stuttgart fährt außer Schulkindern, Greisen, armen Schluckern und Dichtern niemand Straßenbahn. Die Schulkinder machen mit siebzehneinhalb den Führerschein, die Greise bleiben zuhause, arme Schlucker gibt es in Stuttgart gar nicht und Dichter nicht mehr.

Wer Baden-Württemberg kennt und liebt, wird auf den bunten Seiten der Plastikhaus-Hersteller in einem fort *Déjà-vu*-Erlebnisse haben. Nicht, daß die Vorbilder nicht auch aus anderen Gegenden stammten. Aber so wie in Deutschland traditionell die ökonomisch fortgeschrittenste Region dem Rest politisch und kulturell ihren Stempel aufgedrückt hat, setzt sich jetzt eben der Einfluß Baden-Württembergs als geistiger Lebensform durch. Es wäre nicht verwunderlich, wenn die H0-Szene dabei eine wichtige kulturelle Vermittlerrolle einnähme. Mögen vereinzelt Großmodelle wie der Bahnhof Bonn oder die Frankfurter Römerbergzeile auf andere Himmelsrichtungen verweisen, das

Basissortiment aus Einfamilienhäusern, Bauernhöfen, Neubaukirchen, Fachwerkbauten trägt unverwechselbar süddeutsche Züge. Auch ein Blick auf all die gutgekleideten, runden und glänzenden H0-Menschlein, welche die Modellanlagen bevölkern, lehrt mit Gewißheit: nach dem Bilde verhärmter Erzgebirgler sehen die nicht aus.

Die Hersteller der Architektur in H0 sind kleinere Unternehmen, deren Beschäftigtenzahl bei einhundert (Pola) bis vierhundert (Faller) liegt. Entstanden sind die meisten erst nach dem Krieg, als sich eine eigene Zubehörindustrie für das Modellbahnwesen herausbildete, während die Eisenbahnhersteller sich von diesem Markt mehr und mehr zurückzogen und sich auf die Fertigung der Fahrzeuge beschränkten. Nur die Nürnberger Firma Arnold stellt (im Maßstab N) noch immer beides her. Das Böblinger Unternehmen Kindler & Briel (seit 1928 in der abgekürzten Form „Kibri" geläufig) bildet insofern eine Ausnahme, als es auf eine schon im Jahre 1895 beginnende lange Geschichte zurückblicken kann, in der sich das Unternehmen mit hochwertigem Spielzeug, darunter auch Eisenbahnzubehör einen Namen machte. Leider

wurde die firmeneigene Sammlung von Produktionsmustern und Katalogen 1973 bei einem Großbrand vernichtet.

Die Lage der Unternehmen Faller, Pola und einiger anderer in kaum industrialisierten Gebieten war günstig, solange man viel mit Heimarbeitern machen konnte, die alle aus der örtlichen Landwirtschaft stammten. Faller beschäftigte 1982 immer noch fast dreißig Heimarbeiter, bei Pola ist es längst keiner mehr. Dort ist auch zu erfahren, daß vor allem die verschärfte Situation auf dem Markt hierfür maßgeblich ist: bei knappen Lieferterminen könne man eben nicht warten, bis die Leute mit der Ernte fertig seien. Überdies werden die meisten Modellhäuschen nicht mehr wie früher im ganzen, sondern in Einzelteilen zum Selberbauen geliefert, wodurch der Hauptarbeitsbereich der Heimarbeiter wegfällt.

36

Liegen erst Fotos von ausgesuchten Hausvorbildern vor – sofern vorhanden, wie bei den meisten Bundesbahnbauten, werden auch Pläne zu Rate gezogen –, entsteht eine Zeichnung und danach ein Pappmodell im späteren Serienmaßstab. In diesem Stadium richtet sich bereits die Frage an den Händler, ob sie dem Modell eine

Chance auf dem Markt geben. Es wird nicht mehr so ein großes Geheimnis aus dem jeweiligen Neuheitenprogramm gemacht wie früher, schon um ärgerliche, absatzmindernde Verdoppelungen zu vermeiden, wie sie im Falle des von zwei Firmen vorgestellten Bahnhofs Bonn passierten.
Kibri etwa bringt nach eigener Auskunft 10 bis 15 Neuheiten heraus. Zahlen wie diese sind insofern irreführend, als nicht jede Neuerscheinung wirklich eine ist. Oft wird nur ein Dach ausgetauscht, eine Farbe gewechselt, eine andere Bezeichnung gewählt, denn die Gußformen sind teuer: zwischen 40 000 und 150 000 DM an Entwicklungskosten stecken in einem Modell, zumindest, wenn es sich um ein kompliziertes Prestigeobjekt wie den Bahnhof Bonn handelt, der bei Kibri aus 600, bei Faller aus 700 Einzelteilen besteht. Ein größeres Fachwerkhaus bringt es auf 150 Teile, ein schlichtes Einfamilienfertighaus immerhin noch auf 50 (mehr werden es in natura auch nicht sein). Die Erstauflage eines neuen Gebäudetyps beträgt bei Kibri zehntausend Stück. Wenn ein Modell im ersten Verkaufsjahr keine 2500 Stück erreicht, wird es bei Pola schon aus dem Programm genommen. Der Herstellungsprozeß

ist in den vergangenen Jahrzehnten immer aufwendiger geworden, da der Anspruch an das Modell, was naturgetreues Aussehen und Maßstäblichkeit angeht, kontinuierlich zugenommen hat. Dabei bleibt mancher Wunsch unerfüllt. So liegen zum Beispiel alle architektonischen Rundkörper wie etwa Türme noch immer jenseits der Grenzen des technisch Möglichen bzw. ökonomisch Vertretbaren, weshalb es in der Modellarchitektur überwiegend viereckig oder höchstens polygonal zugeht. Im Ausstellungsraum der Faller GmbH im Gütenbach ist noch eine Anlage aus den Pioniertagen des Werkes zu sehen, als man die Häuser noch aus doppelt geklebter Pappe zusammenleimte, dann mit Grieß bewarf, um eine steinerne Oberfläche vorzutäuschen, und schließlich mit einem klopapierbeschichteten Dach versah. Holz und Pappe, die Werkstoffe von damals, als die kleinen Bäumchen noch echthölzerne Stämme hatten, sind heute aus dem Modellbau weitgehend verschwunden. Papier spielt noch als Material für die lichtisolierende Innenverkleidung der Häuser eine Rolle, wo es verhindern soll, daß eine kleine Glühbirne zur nächtlichen Beleuchtung gleich das ganze Haus zum Stahlen bringt. Wichtigster Grundstoff ist heute Polystyrol, das die chemische Industrie in vielen Farben vorgetönt als liebesperlenähnliches Gekrümel anliefert. Viel Verdruß bereitet es engagierten Modellbauern und -städtern noch immer, daß dieses Material im Colorit ziemlich stark ist. Dafür bieten die Herstellerfirmen inzwischen eigens Patiniermittel an, wodurch sich allerdings nur wieder ein neues Dilemma um die vermeintliche „Naturwiedergabe" ergibt. In Wahrheit nämlich werden die Häuser, auch alte Fach-

werk- und Barockgemäuer, seitdem überall Dispersions- statt Kalkfarbe im Außenanstrich Verwendung findet, tatsächlich so knallbunt wie die unbehandelten Polystyrolfassaden. Was also ist realistisch?

In den Programmen der Hersteller ist neben vielen Gemeinsamkeiten wie dem genannten landsmannschaftlichen Grundton ein gewisser Hang zur Spezialisierung sichtbar. So hält allein Kibri ein nennenswertes Sortiment norddeutscher Motive bereit: Weserrenaissance, ein Bürgerhaus aus Münster, das Rathaus im friesischen Leer, ein Bremer und ein Schleswiger Haus. Ein echter Hit ist auch das Bergdorf „Grevasalvas", das „echte Schweizer Dörfli aus dem Engadin": Schauplatz des letzten Heidi-Films. Nur die Kirche ist der in

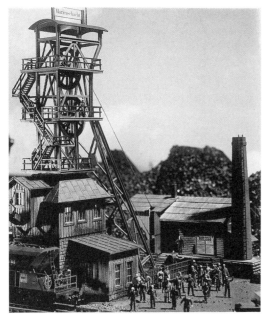

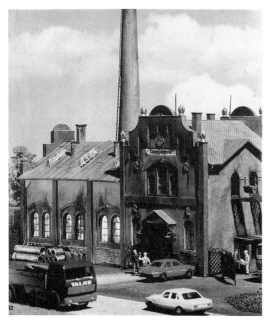

Saas-Grund nachgebildet, fügt sich aber "realistisch harmonisch" ein – am Heidi-Ort war an Kirchen nichts Rechtes zu finden. Auch eine Wildweststadt bietet Kibri an, aber die sieht eher ein bißchen aus wie jene auf dem Deutsch-Amerikanischen Volksfest in Zehlendorf. Bei Faller hält man sich die Zahl der kinetischen Modelle zugute, die mit Elektromotoren bewegt werden: Neuerdings eine alte Maschinenfabrik, die nur in einer einmaligen Sonderausgabe von 8400 Stück aufgelegt wird, mit laufendem Förderband und einer Speziallampe, die "flackerndes Schweißlicht" imitiert; außerdem eine Großbekohlungsanlage, Kräne, eine Ölförderpumpe, Wind- und Wassermühlen. Auch ein Bergwerk fehlt nicht.

Pola hat ein umfangreiches Auslandsprogramm, darunter amerikanische, nordeuropäische und Schweizer Motive. Im übrigen macht das Unternehmen in letzter Zeit viel von sich reden auf dem Markt, denn Pola ist sehr *sophisticated*. Zur 25-Jahrfeier erschien eine limitierte Auflage von fünf Modellen, von denen eines ein halbverkohltes, ein anderes gar ein besetztes Haus zeigte, mit Transparenten, Polizisten und allem, was sonst noch dazugehörte. Vermutlich landeten damals beträchtliche Prozentanteile des Absatzes bei betroffenen Nicht-Eisenbahnern auf Kreuzberger Gabentischen und erinnern heute an jene aufregende Zeit. „Aus der 5-teiligen Serie zeigen wir den 'Tante-Emma-Laden' und das 'teilausgebrannte Miets-haus...'" – so klang seinerzeit nicht etwa schwarzer Humor aus SO 36, sondern ein Lob der Modellbahnerfach-

zeitschrift MIBA.[13]
Im Pola-Katalog brennt es an allen Enden und Ecken, „damit die Leute mit ihren Feuerwehrautos auch etwas anfangen können", wie es Pola-Mitarbeiter Heinkel ausdrückte: eine

brennende Fabrik, ein brennendes „Gasthaus zur Sonne", seit neuestem ein „Brennendes Finanzamt". Das rührt zweifelsohne an Gefühlsschichten im verborgensten Innern des bastelnden Bürgers, wo er nach blindwütigem Aktionismus dürstet. Ja, wer da mitzündeln dürfte... Mit in der Schachtel ist ein „Spezial-Rauchgenerator" sowie ein „Flash-Lampen-Set", das einen „effektvollen Feuerschein" erzeugt, außerdem „Rauchöl" (5 Ampullen reichen für 4 Stunden kokelnde Umsatzsteuerbescheide). Doch nicht nur Pyro-

manen kommen auf ihre Kosten. Der eisenbahnspielende Teddy-Boy oder Elvis-Fan, auch der erwachsene Nierentischsammler können sich mit Polas Hilfe in ihre Traumzeit zurückversetzen. Da gibt es jetzt eine Fünfziger-Jahre-Serie, die an kulturgeschichtlicher Beschlagenheit und an Witz manchen Filmausstatter beschämt: Trümmergrundstücke und typische Nachkriegsprovisorien mit eben eröffneter Milchbar, alte Reklamen, an den kriegszerstörten Bauten übriggeblieben aus den dreißiger Jahren, an verwitterten Mauern die Forderung nach der 45-Stunden-Woche, im Kino „Sissi", am Abbruchgrundstück noch der Hinweis auf den Luftschutzkeller; auf Wahlplakaten verspricht Konrad Adenauer keine Experimente, behauptet eine noch klassenkämpferi-

sche SPD, daß Millionäre CDU-FDP wählten, die Millionen hingegen sie, während die FDP holzt: „Wo Ollenhauer pflügt, sät Moskau". In der Metzgerei sind die aufgehängten Würste so herrlich rot, wie sie zu jener Zeit dank Nitrit eben waren.

Das Stuttgarter Unternehmen Vollmer, dessen Modellbausortiment anders als bei den übrigen, allein auf Spielzeug eingerichteten Herstellern gleichsam der veredelte Zweig einer ansonsten profanen Produktion von Präzisionsspritzgußteilen für verschiedene Industriezweige ist, hebt sich durch luxuriöse Großstadtbauten der „Belle Èpoque" hervor, nachdem die Angebotspalette lange in Marktteilung mit Faller

und Kibri auf Oberleitungen und technische Bauten aus dem Bahnbetrieb beschränkt war. Allerdings hatte Vollmer schon 1965 mit seinem detailreich und fein gearbeiteten Bahnhofsgebäude „Oberbaumbach" eine damals überraschende und ungewöhnliche Aufmerksamkeit für noch wenig geschätzte Stilbildungen des 19. Jahrhunderts bewiesen.
In allen Programmen ist seit einigen Jahren eine zunehmende „Verstädterung" zu beobachten. Noch in den fünfziger und sechziger Jahren waren die Bausätze fast ausschließlich an dörflichen oder kleinstädtischen Vorbildern orientiert, und irgendwie sahen fast alle Anlagen aus wie eine Art Universalgütenbach. Daß die Architektur der Modelleisenbahnen diesen überwiegend ländlichen Charakter trug, hatte seinen Ursprung in der drangvollen Enge zwischen den dichtgelagerten Gleisen – noch heute ist der Gleisradius in der maßstäblichen Umrechnung noch bis zu fünfmal kleiner als der kürzeste, der bei der Bundesbahn erlaubt ist. Jede Art von städtischer Architektur würde, zumindest für puristische Ansprüche an ein „wirklichkeitsnahes" Modell, bedeuten, daß ein Gebäude im Gegensatz zum Plastikeinödhof nicht allein stehen kann, sondern einer entsprechenden baulichen Umgebung bedarf. Das heißt, man braucht dann mehr und größere Modelle und vor allem ein Vielfaches an Fläche.
Nicht zu vergessen: noch immer bezieht sich der Rest der Anlage auf die Eisenbahn! Und stellt man einen normalen D-Zug-Waggon neben eine Mietskaserne im selben Maßstab, erlebt man eine Überraschung, wie deprimierend mickrig er dann noch wirkt und nicht nur er. Der Verkaufsleiter von Kibri Metzger erzählt noch heute irritiert von den

über vier Meter hohen Räumen einer Grunewaldvilla, in der er einmal gewesen ist. „So was im Modell! Stellen Sie sich daneben einen Menschen vor!" Wo die vielbeschworene Treue zum Original so unerwünschte Nebenwirkungen zeigt, wird denn schon auch einmal gemogelt in den Entwurfsabteilungen, wird hie und da ein oberes Stockwerk gegenüber dem vom Maßstab her Gebotenen etwas verkürzt. Glücklicherweise hat die Bundesrepublik eine Hauptstadt in kleinem Maßstab, und das erklärt vielleicht die überraschende Vorliebe gleich zweier Hersteller für Architekturmotive aus unserer Metropole. Da ist zunächst der schon erwähnte Bahnhof. Bei Faller ist er etwas kleiner; die Seitenflügel zwischen Mit-

telrisalit und Kopfbauten sind um eine Fensterachse verkürzt. Einigen Details nach bezieht sich das Faller'sche Modell mehr auf den historischen Urzustand des Bahnhofs, wie er sich auf einem Foto um 1910 darstellt: ein Ziergitter auf dem Dachfirst des Mittelrisalits, offene Loggien an den Kopfbauten, die heute wie auf dem eher gegenwartsbezogenen Kibri-Modell zugemauert sind. Den Bahnhof „Bonn" kann man auch ohne Kopfbauten erwerben, dann heißt er der Einfachheit halber „Mittelstadt". Die Kopfbauten wiederum laufen als Einzelbauten unter „Hauptverwaltung" und sind auch „als repräsentatives Herrenhaus verwendbar" (für die Bonner Pharma-Gesandtschaft oder so). Gerne sähe ein Modellbauvorschlag Fallers den Bahnhof „Bonn" mit der Frankfurter Römerbergzeile kombiniert: da fehlt dann nur noch das Hofbräuhaus.

In der Fachpresse findet besonders Vollmer für sein „Patrizier"-Programm (Renaissance- und Barockhäuser) und seine „Baden-Baden"-Serie höchstes Lob: „Von Branchenkennern auch der 'Mercedes' unter den Angeboten genannt" heißt es da unter anderem. Den einzelnen Häusern sind häufig alternativ Sicht- und Brandfassaden beigegeben, so daß sich Straßenzeilen oder freistehende Gebäude daraus machen lassen. Dreht man beim Bausatz „Kurhaus" den Mittelteil um und beschriftet anders, wird daraus das „Grand-Hotel"; die Gebäudeteile können aber auch wieder einzeln verwendet werden, dann heißt der ohne Säulen „Pension", der mit Säulen „Hotel" (ohne Grand). Drei Bausätze „Archivhaus" aneinandergesetzt ergeben das „Palais" (seltsamerweise mit einer Dinkelacker-Brauerei-Reklame im Fenster): man kann an Vollmers

„Baden-Baden"-Programm wieder lernen, was die Väter der Moderne an jenem Eklektizismus des 19. Jahrhunderts so wenig schätzten, auf dessen Wiederaufwertung aber auch die Spielzeugbranche in den letzten Jahren vehement reagierte.

Austauschbarkeit und Kombinierbarkeit der einzelnen Bauten gehen einmal auf die hohen Entwicklungskosten der reichverzierten Modelle zurück. Zum anderen sind sie für den Käufer eine Verlockung, seine Anlage laufend zu erneuern oder „nachzurüsten", wie es einer der Kataloge auf Neuest-Deutsch formulierte. Vollmer offeriert nämlich gleich ganze Straßenbebauungspläne und hält die Häuser der diversen Stilrichtungen in modularen Grundrissen für alle jene, die „von Fachwerk auf Patrizier umsteigen wollen", wie es der Berliner Spielzeuggrossist Garnitz ausdrückt, oder gar auf die „Abbruch-Stadthäuser" mit „Hinterhofmilieu". Kibri hat eine Reihe Bonner Wohn-

häuser im Programm und weitere Stadtmotive, die stark an Stuttgarter Wohnviertel wie Ostheim und Gablenberg erinnern. Pola wartet mit einer Art IBA-Serie auf, mit Vorher-Nachher-Effekten (also erst verslumt, dann „behutsam erneuert"), dezenter Farbigkeit und einer Kreuzberger Mischung aus Wohnen und hoffnungslosem Kleingewerbe. Jedermann kann also sein eigener Sanierer werden.

Lange Jahre hatten zeittypische

Architekturströmungen kaum Widerhall im Kleinen gefunden, läßt man Fallers Villen im „Tessiner Stil" der frühen Sechziger außer acht, jene schwungvoll verschachtelten bunten Dinger mit markantem Natursteinkamin, dessen Ofensims im Innern der Fonduetopf zierte. Zeitgenössische Architektur war ansonsten nicht sonderlich begehrt. „Ein modernes Bahnwärterhaus ist einfach nicht gefragt, aber mit jedem alten spitzgiebeligen Schuppen, den die Bundesbahn abreißt, verlieren wir ein dankbares Vorbild. Mit Hochhäusern ist kein Geschäft zu machen..." befand der Pola-Eigner Horst Pollak im Jahre 1959. Laut Auskunft aus diesem Hause wird Modernes auch heute noch eher gemieden, weil glatte große Flächen, wie sie bei der Wiedergabe von Nachkriegsputzbauten oder flächenhafter Glasfassaden in Plastik entstünden, leicht Staub anzögen, so daß die Modelle in kürzester Zeit schmutzig und unansehnlich wirkten. Am ehesten noch, und das ist bei der regionalen Herkunft der Modelle kein Wunder, fand und findet der Spielbahner unter den angebotenen Artikeln mannigfache Beispiele jener berüchtigten Bausparkassenarchitektur, die jahrzehntelang ganze schwäbische Landschaften zu suburbanen Vorgärten bereinigte. Auch einigen modernen und schlichten Bahnhofsmodellen aus den frühen sechziger Jahren hält Faller die Treue – der Station „Schönblick" gedenkt der Verfasser an dieser Stelle mit besonderer Rührung, denn sie war sein erstes eigenes H0-Modell. Die Wende kam, als die Gebr. Faller im Zuge einer Betriebserweiterung 1959 ein sechsstöckiges Hochhaus und 1961 ein zweites in Gütenbach errichten ließ, wo sie sich, obschon in der allerschönsten Lollipop-Farbigkeit der 50er Jahre, gar

nicht so schlecht ins Ortsbild fügen („harmonisch realistisch" würden die Modellbautheoretiker sagen). Jedenfalls zog Edwin Faller daraus den Schluß: wenn ein Hochhaus nach Gütenbach paßt, dann paßt es auch in eine Modellanlage. Verblüffend schnell hat die gemäßigte Postmoderne mit ihren plumpen Risalit-, Erker- und Gesimsbildungen aus Fertigteilen, ihren abgeschrägten Schiefer- oder Kupferdächern, wie sie die Stuttgarter Innenstadt heimsuchen, Eingang in die Programme gefunden, zumindest bei Kibri

Das neue Allianz-Gebäude in Stuttgart

und Vollmer, wo sie gleich bedeutungs- und verheißungsschwer an dem Gütesiegel „future line" zu tragen haben. Die Zukunft unserer Städte sieht also aus wie Vollmers „City-Eckhaus" und „City-Wohnhaus": nicht betretbare Erkerchen als dekoratives Blendwerk, fachwerkartig applizierte Stahlrohrvorlagen und ein Leiterchen, das aus dem Nichts kommt und ins Nichts führt. Im Dachgeschoß des „City-Eckhauses" ist ein Maleratelier untergebracht, und man kann den Meister bei der Arbeit beobachten, die der vernachlässigten Gattung der Landschaftsmalerei gilt. Zur Avantgarde, die bekanntlich eher Fabriketagen, brüchiges Altbaugemäuer und toskanische Bauernhöfe als Ambiente ihrer Acrylagen vorzieht, unterhält unser Maler ein distanziertes bis schroff ablehnendes Verhältnis (Faller hat

übrigens auch ein Künstleratelier im Programm, aber da geht es etwas schwüler zu: die Szene erinnert stark an Hildegard Knefs berühmten Auftritt in der

„Sünderin"). Im Erdgeschoß des „City-Wohnhauses" dann die bekannte „Weinstube", die Passanten wohl niemals anders als mit Frakturbuchstaben an der Eingangstür ins Innere locken wird.

Nur so hat neues Bauen im Modell eine Chance, sich neben den Romantik-Bausätzen zu behaupten. Wenn schon Stadtarchitektur, dann lieber die Frankfurter Römerberg-Zeile als die Hochhäuser der Deutschen Bank ebenda, lautet die Devise. Alt allein aber genügt nicht: Fachwerk sollte es schon sein. Das mußte Pola erfahren, als man dem Drängen eines örtlichen Vertreters nachgab und das Geburtshaus Conrad Röntgens in Lennep nachbildete. Wäre der Strahlemann zwischen vier Fachwerkwänden zur Welt gekommen, das Haus stünde heute auf tausenden von Anlagen; so aber wurde

„Ein Ausflug in die Romantik: Lassen Sie sich vom Zauber einer alten Stadt mit ihren Patrizierhäusern gefangennehmen."

der schwarze Schieferbau im bergischen Stil ein ziemlicher Flop und verschwand bald wieder aus dem Programm.
Viele Modellbauer und -hersteller argumentieren heute, Nachkriegsbauten würden nun einmal nicht zu den von allen Eisenbahnliebhabern favorisierten Dampflokomotiven passen. Dabei gab es längst ein Thyssenhochhaus in Düsseldorf und in Berlin eine Kongreßhalle, als die Bundesbahn noch längst nicht ganz unter Strom stand. Noch 1972 gelangte man nachweislich nur mit einem museumsreifen Schnaufer nach Alpirsbach im Schwarzwald. Es muß also wohl eine Geschmacksentscheidung sein, welche die meisten Modellbahner nach Turm und Torbogen, Fachwerk und Feldsteingemäuer greifen läßt, nach neugotischen Rathäusern und Renaissancefassaden, die aber, wenn der Augenschein nicht trügt, auch eher historisierenden Kopien des 19. Jahrhunderts nachempfunden sind. Eine bisher unbeachtete Lichtung für Heinrich Klotz' „Röhrende Hirsche der Architektur", aus Mallorca heimgeholt? Vielleicht *ist* die Plastikbaukunst gar die vorweggenommene Postmoderne schlechthin, wie sie spielerisch, mitunter ironisch die ganze Kulturgeschichte vereinnahmt? Das mittelalterliche Fallershausen im dicken Schneekleid jedenfalls: das ist Ludwig Richter, nach Lehr- und Wanderjahren in Epcot und Las Vegas. Nichts anderes empfiehlt Robert Venturi dem Architekten der Zukunft.

Im Grünen

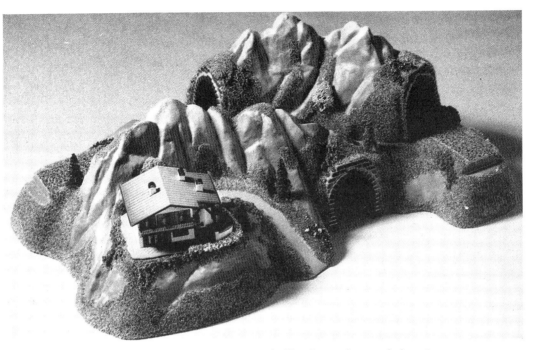

Die Landschaft der Modellbahnanlage folgt in den meisten Fällen einem einfachen Schema. Auf der einen Seite ein Berg mit Dorf und Tannenwald, auf der anderen eine Ebene mit Stadt und Bahnhof. Es gibt Varianten im Detail, aber meistens ist es so. „Eine interessante Mittelgebirgslandschaft .... ist recht gut zur Nachbildung *en miniature* geeignet und bietet glaubwürdige Vorwände für Steigungs- und Gefällestrecken, Brücken, Tunnel usw."[14] Auch in der eben zitierten Modellbauanleitung wird deutlich, daß hinter dem Realismusanspruch auch das genaue Gegenteil stecken kann, nämlich die bewußte Selbstirreführung – die Mittelgebirgslandschaft als Vorwand. Die Norddeutsche Tiefebene hat jedenfalls keinen H0-Appeal.

Wie sich der Modellbahner auf der einen Anlagenhälfte in der Kunst der Stadtplanung, in Abriß,

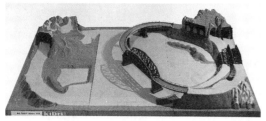

Wiederaufbau, Umsetzung und Straßenmöblierung üben und bewähren kann, so verlockt ihn der andere, landschaftliche Teil, in die Gummistiefel des Flurbereinigers zu schlüpfen und dem Stümperwerk aus der ersten 40-Stundenwoche des Universums einen energischen Eigenentwurf entgegenzusetzen. Zwar könnte er auch hier auf Fertigangebote der Industrie zurückgreifen – Kibri bietet eine Reihe von Landschaften wie „Spessart" und „Rigi", „Fränkische Schweiz" und „Odenwald" an, deren aufs Original bezogene Charakteristika etwas undurchsichtig bleiben – aber der wirklich einfallsreiche Bastler bestellt sein Feld lieber selbst. Schotter und Korkschrot, Nordisch Moos in grau, grün, ocker und rotbraun, Schaumflockenmischung und ein reichhaltiges Sortiment an

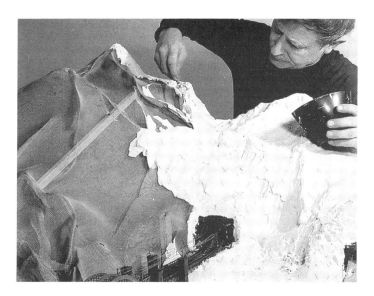

Bäumen und Sträuchern, ja ein ganzes „Terra-Form-System" stellen die Zubehörunternehmen bereit. Die Fachliteratur wartet mit Hinweisen auf, wie man alles noch genauer hinkriegt: Steine und Felswände (Weichfaserdämmplatte, Korkrinde, Styropor, Leim-Gips-Zeitungspapier), Wasserflächen (Glas), Wasserläufe (Polyester- und Epoxydharz oder Uhu-Kleber mit Nitroverdünner aufgeschäumt). Für die Arbeit stehen Hilfsmittel mit wahrhaft furchteinflößenden Bezeichnungen wie „Begrasungspistole" und „Beflockungsgerät" zur Verfügung.

Auch hier stellt sich der eigentliche

„Realismus" erst dann ein, wenn man die Texte der Herstellerkataloge, die ja auf Anführungszeichen verzichten, wenn sie ihre Häuser und Bäume vorstellen, wie Beschreibungen der großen Welt liest. „Buche, herbstlich, im Klarsichtbeutel" – wird das die Vegetation sein, die nach dem sauren Regen kommt? Ein bißchen bunter, ein wenig pflegeleichter als die alte, auch weniger bodenständig: „Falls Sie sich bei der 'Aufforstung' nicht sofort schlüssig werden können, empfehle ich Ihnen, die Bäume nicht gleich anzukleben, sondern erst lose gewissermaßen 'zur Probe' aufzustellen... Warten Sie ruhig ein paar Tage, um sich mit dem entstandenen Bild auseinanderzusetzen, bevor sie eventuell eine neue Anordnung versuchen..."[15]

Bäume wie sie sein sollen!
Naturgetreue Gestaltung mit Islandmoos. Die Form der Bäume kann durch leichtes Biegen und Beschneiden der Äste individuell verändert werden. Bauen Sie sich **Ihren** Baum für die Anlage oder das Diorama.

Vom Wohnen

Nun ist, dank der herausragenden Qualität der Produktion, das Bild des Bahnbetriebes und seines Hinterlandes so perfekt wie man es sich nur wünschen kann. Eine Welt *en miniature* ohne Tadel. Nur eines stört: der Mensch. Paradoxerweise macht er sich in seiner Eigenschaft als Modelleisenbahner die Welt zwar untertan, aber er gewinnt nicht dabei. Läßt sich der stolze Bastler mit seiner filigranen Schöpfung fotografieren, wirkt auch der Schmächtigste zu groß und ungeschlacht daneben, hält buchstäblich nicht das rechte Maß. Er paßt nun einmal nicht ins H0-Bild. Dasselbe gilt für seine vier Wände. Hat sich der Modellbahner jene Wirklichkeit erst in die Wohnung geholt, um sie sodann auf ein paar Quadrat-

Heinz Rühmann beim Eisenbahnspielen („Dr. med. Hiob Pretorius")

meter zu bannen, wächst sie sich unversehens zum Problem aus: Wohin damit? Es stellt sich die diffizile Frage, ob die Anlage als Teil des Mobiliars oder als dessen virtuelle Bedrohung anzusehen ist. Am souveränsten beantwortet sie der Aufbau der kinderspielerischen Nichtanlage, also der Weihnachtstypus der Modelleisenbahn. Scheinbar ist sie die vollkommene Form gegenseitiger Integration, indem das Sofa als Tunnel, zwei Stühle als Brücken, das Bücherregal als Gebirgsbahnhof Verwendung finden. Aber die zur Eisenbahnanlage mutierte Wohnung bleibt Kindertraum, denn zu Dreikönig verschwindet die ganze Pracht wieder im Persilkarton.

In der Wohnungsnot der fünfziger Jahre war auch das schier undenkbar für viele, für die Bewohner kleiner Neubauappartements, aber noch mehr für die „möblierten Herren", obwohl gerade die, denen der Kuppeleiparagraph nach 22.00 Uhr mehr verwehrte, kompensatorischer Objekte ihrer Zuneigung besonders bedurften: „Meist sind die 'Möblierten' nicht weniger eisenbahnbegeistert als 'normale' Miniaturbahner; eher trifft das Gegenteil zu... Nein, sie kaufen sich ein Wägelchen, eine Weiche, ein Faller-Häuschen usw., damit sie wenigstens einmal im Jahr – zu Weihnachten – sich ihrer Herrlichkeiten auf der Waschkommode erfreuen können. Und wenn dann der Frühling doch wieder ins Land kommt mit allen seinen Hoffnungen, dann ist auch eine Hoffnung dabei: Das nächste Weihnachtsfest wird im eigenen Heim gefeiert!"¹⁶

Bliebe der Rückzug auf den Dachboden oder in Modellbahnvereine. Beides wird, wie befragte Vereinsbahner glaubhaft versichern, in den Familien oft nicht gern gesehen. Außerdem haben viele Spieler den Wunsch, die Anlage immer verfügbar in ihrer Umgebung zu haben. Wenige Themen finden daher in den Spalten der Modellbahnpresse sowie in der einschlägigen Fachliteratur so viel Aufmerksamkeit. Ja, man kann sogar soweit gehen: fast ebensoviele Hinweise wie auf den Aufbau einer Anlage, gibt es bald dazu, sie wieder verschwinden zu lassen. Empfehlenswert als Aufbewahrungsort für die Anlage ist der freie Raum unter dem Ehebett; auch der Platz hinter dem Kleiderschrank kommt in Betracht, jedoch nur, wenn keine extremen Gebirgskämme eingebaut sind, und das Modellmatterhorn beim Herausziehen unweigerlich Schaden nähme.

Eine günstige Voraussetzung für nächtliche Albträume bietet die radikale Lösung, „die Anlage nach Betriebsschluß mittels einer Seilzugmechanik unter die Zimmerdecke zu befördern".¹⁷ So kann die Anlage nicht nur als eingebildeter Nacht-

Eisenbahnspielen per Münzeinwurf – beliebter Zeitvertreib auf Bahnhöfen

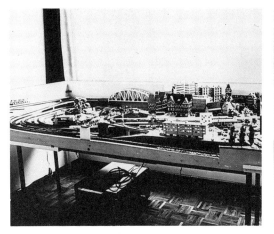
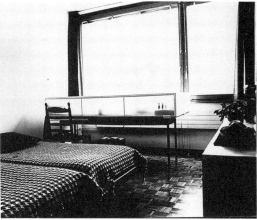

mahr drücken, sondern – bei fehlerhafter Aufhängung – tatsächlich einen interessanten Sonderfall des Eisenbahnunglücks herbeiführen. „Zugegeben, das ist eine Lösung, die nicht jedermanns Geschmack ist. Aber auch von dieser Ausführung wird insgesamt gesehen recht häufig Gebrauch gemacht. Sauber gearbeitet, kann sich eine solche 'Deckenanlage' durchaus harmonisch in das Gesamtbild einer Wohnung einfügen. Dazu ist es nur erforderlich, die Unterseite des Lattenrostes mit einer Sperrholz- oder Hartfaserplatte zu verkleiden, die ihrerseits – passend zu den vorhandenen Möbeln – mit echtem Holzfurnier oder mit selbstklebender Folie belegt wird. Sie erreichen damit den Effekt einer abgehängten Holzdecke...".[18] Alles muß harmonisch zueinanderpassen – Mikrokosmos und Makromöbel. So weiß der Bastler seine „Welt der Ideen" stets über sich, ohne Sphärenbewegung, aber mit funktionierendem Schaltplan.

Offenkundig ist die Beziehung von Modellanlage zur Wohnung eine doppelte. Jene bildet zum einen die ins Hausinnere gewendete Außenwelt.

Da die Plastik-Häuser, sei es Dorf oder Stadt, jedoch lediglich Fassaden sind, hinter denen nichts als sinngebungsbedürftige Leere ist, läßt sich umgekehrt auch sagen: Kühltruhe und Couchtisch, Schrankwand und Wolkenstores sind die nach außen gestülpte Gesamtinnenwelt des H0-Universums. Besonders betonen diesen Zusammenhang eine Reihe von Möbelentwürfen, die neben ihrem Wohnzweck auch die Aufnahme einer Modellanlage, wenn auch nur im kleinsten Maßstab vorsehen. Neben Klappschränken und Bettgestellen sind es vor allem Tische, deren gediegene „altdeutsche" Gestalt das technische Innenleben bei Bedarf camoufliert. „Damit die Tische normale Möbelproportionen einhalten, ihre primäre Möbelfunktion erfüllen und somit auch z.B. von der Frau des Hauses ohne Abstriche akzeptierbar sind, ist der Höhe des Raumes unterhalb der Tischplatten eine Grenze gesetzt. Dennoch finden Sie dort einen Raum mit 10 cm Höhe vor. Für Modellbahnliebhaber bedeutet dies, daß auch bei der Benutzung der Einsätze auch noch

Schwarzwaldbahn im Caravan

eine N-Bahn überführt gekreuzt werden kann. Die tablettartigen Einsätze sind besonders für Modellbahnen erforderlich... Die Anlage kann dann im Hobbyraum installiert oder repariert werden, während der betreffende Tisch weiterhin seinen normalen Dienst im Wohnbereich versieht. Die Einsätze haben unter ihrem Boden einen 6 mm Freiraum zur Aufnahme der e. Leitungen. Schaltelemente müßten in Gebäude etc. verlegt werden. Die Verbindung zu den Trafos, die man ja möglichst nicht innerhalb des Einsatzes haben sollte, müßte mit einer nach unten durchgeführten Mehrfachsteckverbindung geschehen. Die Trafos

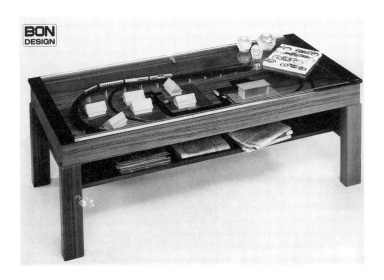

etc. können bei den Couchtischen in z.B. einem in der Höhe passenden Kasten (wegen Staubschutz) in der Ablage oder in einem der Schubfächer untergebracht werden, beim Eßtisch in einem Kasten, den man in der Nähe aufbewahrt. Die Unterbringung einer Modellbahn in einem BON-Design-Tisch hat, neben Staubsicherheit und auf

Wunsch Abschließbarkeit, den Vorteil, die Anlage jederzeit betriebsbereit vorzufinden, also mit allem rollenden Material auf den Gleisen, so daß man auch nur kurze Augenblicke nutzen kann, um die Anlage zu betreiben." So der Werbetext eines Modellbahnmöbels.[19]

Als eine Art Derivat lassen sich die tragbaren 73 x 55 cm -Köfferchen für die Wunderwerke des Märklin-Mini-Clubs verstehen. Kaum größer als ein Attaché-Case sind diese Anlagen für all jene gedacht, die auch im Urlaub nicht von der Sucht lassen können, irgendetwas in ihrer Umgebung in reibungsloser Funktion sehen zu müssen. Das ganze hat einen Hauch James Bond. Offenbar bereitet es Vergnügen, wo man geht und steht und am Feierabend obendrein eine betriebsbereite Kommandozentrale „mit allem rollenden Material" vorzufinden. Was wird hier im geheimen vorbereitet? Ein Putsch? Vielleicht auch nur ein Theatercoup, geeignet, um schläfrige Sonntagnachmittage unter befreundeten Ehepaaren zu verlebendigen, wie es die MIBA 1963 ausmalte:

„Stellen Sie sich nur mal vor, wenn sonntags Gäste da sind und der Hausherr nach dem Kaffeetrinken ausruft: 'Jetzt hätte ich Lust, einen fahren zu lassen!' Aber bevor die Damen dazu kommen, verlegen gen Boden zu blicken, muß der Hausherr mit souveräner Sicherheit und schnellem Griff die Decke vom Tisch gezogen haben. Na bitte! Jetzt kanns losgehen! Die Herren können ungeniert ihren Eisenbahngelüsten frönen, ohne sich vom Familienleben zu isolieren."[20] Da lauert noch manche Zote, schwingt Anzügliches mit in den fidelen Erzählungen vom Ehezwist um die elektrische Eisenbahn, in den Empfehlungen, den „ruhenden Verkehr" unter dem Doppelbett unterzubringen. Wie auch anders, wo doch das große Vorbild, die Eisenbahnreise schon höchst libidinöser Natur ist?

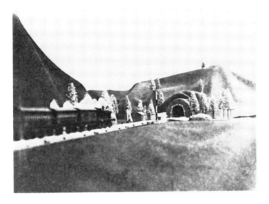

Ironische Pointen des Unterbringungsproblems setzt die große Schar der „Mini-Club"-Mitglieder, für deren originellste Ideen der Hersteller Märklin alljährlich Wettbewerbe veranstaltet, die reger Teilnahme sicher sein dürfen, verbindet sich doch mit diesem kleinsten Modellbahnsystem die Hoffnung, dereinst adelnden Eingang in den Gotha des Spleens, das Guinness-Buch der Rekorde zu finden. Eine verzwergte Gebirgslandschaft im gläsernen Apfelmostballon, Loks in Glühbirnen und Kuckucksuhr, Gleiskreise auf dem Adventskranz und in der Camembertschachtel, eine Anlage im Geigenkasten und ein komplettes Diorama im ausgebeinten Fernsehapparat gehören zu den gelungensten Beispielen.[21]

Werner Volmerhaus, pensionierter Postbeamter, hat sich auf den Bau von Dioramen verlegt, liebevoll nachgestellte Genres, denen ein gemalter Hintergrund zu perfekt illusionistischer Wirkung verhilft. Hier kommt Herrn Volmerhaus sein an Porträts und Landschaftsdarstellungen erprobtes Maltalent zugute. Das Ergebnis ist mit den kulturhistorischen Dioramen der Zinnfigurensammler vergleichbar, nur stammt das Material eben aus dem Fundus des Eisenbahnzubehörs.

In seiner Wohnung in Berlin-Neukölln steht auch noch eine komplette Eisenbahnanlage, die teilweise „im Stil der dreißiger Jahre" gehalten ist. Was ihm so viel Spaß macht an seiner Anlage? „Ja, wenn man so vor seiner Landschaft sitzt, hat man das Empfinden, in der Wirklichkeit zu sein." Und Frau Volmerhaus bekräftigt: „Wenn abends die Lichter angehen, und wir schauen zusammen auf die Anlage: das ist dann wie Urlaub für uns."

Vereinsleben

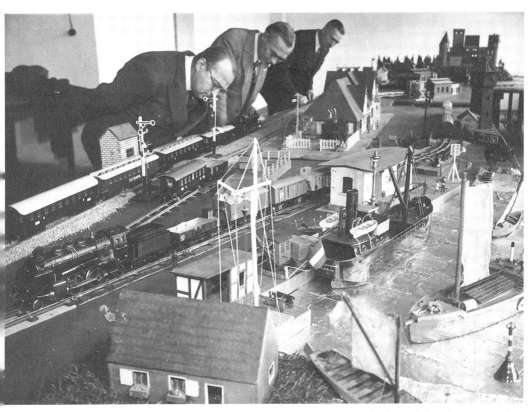

„In Berlin gibt es, was nicht viele wissen, mehrere Modell-Eisenbahn-Klubs, deren Mitglieder sich in ihren freien Abendstunden zusammenfinden, um Eisenbahn zu spielen – freilich auf eine ernsthaftere Weise als in der Kinderzeit."

Um den leidigen Platzsorgen zu entgehen und das Modellbahnhobby im Kreise von Gleichgesinnten zu pflegen, begibt man sich am besten in einen der zahlreichen Vereine. Natürlich muß man mit einem gewissen Ernst bei der Sache sein, wenn man etwa dem schon seit 1932 bestehenden „Modell-Eisenbahn-Klub-Berlin" angehören will. Wenn dort, im Keller einer Weddinger Schule eine neue Anlage gebaut werden soll, ernennt die Mitgliederversammlung erst einmal eine „Gleiskommission", über deren Streckenführungsvorschläge die Vereinsbahner dann entscheiden. Da wird es nicht viel anders zugehen als im Planfeststellungsverfahren für eine neue Bundesbahntrasse, zumal noch weit schwerwiegendere Beschlüsse zu fassen sind. Gestaltet man die Anlage in Anlehnung an die „Epoche 1" (vor Gründung der Reichsbahn 1920), „Epoche 2" (Reichsbahnzeit bis 1945) oder „Epoche 3" (bis zum Ende der großen Dampflokomotiven, sagen wir also ruhig, wenn auch vereinfachend, der Ära Adenauer)?

Kann man bei einer vereinseigenen Großanlage von 100 Quadratmetern, wie sie der Berliner „Post-Sport-Verein" in einem Nebengebäude des Tempelhofer Fernmeldeamtes vorbereitet, mit komplizierter und professioneller Elektronik, überhaupt noch von „Spielen" sprechen? Die Antwort des Vereinsvorsitzenden Seeger ist unschlüssig: „So richtig spielen können wir ja nicht. Auch auf unseren alten Anlagen konnten wir niemals spielen, weil sie nie fertig wurden. Unsere Aufgabe ist es, diese Anlage zu erstellen. Wenn

Die Post-Sport-Anlage

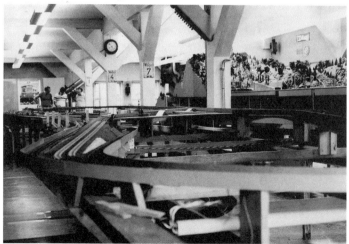

Schon fertig: das Gebirge
Noch im Bau: Stadt und Bahnhof

sie überhaupt jemals fertig werden sollte, was sicherlich niemals geschieht, aber wenn es geschehen sollte, müßten wir uns ein neues Ziel stecken. Es gibt unter den 35 Mitgliedern auch welche, die tatsächlich spielen wollen. Und es gibt auch welche, die wollen nicht spielen, sondern bauen... Das Spielen war bisher einfach noch nicht möglich und die Clubmitglieder, die gern spielen wollten, fühlten sich dann benachteiligt und zwar mit Recht. Jetzt wurde ein Anlagenteil fertiggestellt, an dem man spielen kann, im wahrsten Sinne des Wortes, was ja für uns auch eine Art von Ausgleichssport zum täglichen Dienst bei der Bundespost ist. Das eigentliche Spielen beginnt aber erst, wenn die Bahnen in Betrieb gehen, wenn dann auch ein wenig manipuliert werden kann. Aber dann ist es auch schon kein Spielen mehr; da wir hier eine hohe Technik eingebaut haben, muß man schon sehr genau wissen, was man tut, wenn man da spielt. Deshalb kann man

eigentlich auch schon nicht mehr vom Spielen reden."

Anscheinend erlaubt die hochentwickelte, durch akribische eisenbahnhistorische Recherchen unterstützte Form des Modellbauwesens wie sie Post-Sportler betreiben, andere Auswege für Spiel, Sport und Spaß an der Sache:

„Es ist bei uns ja nicht so, daß wir nur mit der Bahn spielen wollten. Wir fahren ja auch in der Gegend herum und fotografieren. Ich bin jetzt gerade aus Nürnberg wiedergekommen, von der 150-Jahrfeier der Eisenbahn. Ich habe mich da tagelang an Strecken herumgedrückt, um Züge zu fotografieren. Wir fahren auch oft in die DDR, um dort Fotos zu machen. Die haben ja noch viele Dampfloks im Regelzugverkehr. Wenn man einen, der Briefmarken sammelt, fragt, was ihm daran Spaß macht, in seiner Kammer zu sitzen und kleine Papierschnitzel zu sortieren — und was anderes ist das ja im Grunde genommen nicht — dann wird der wahrscheinlich mit den Schultern zucken. Der Mann hat vielleicht noch sein Bier zu stehen und wird dick und rund dabei. Wenn ich denke, was wir für Kilometer zurücklegen an der Strecke lang, den Bahndamm rauf und runter, da geht es bei uns schon ins Sportliche — das ist es nämlich, was wir hier immer zu hören kriegen: was habt ihr denn eigentlich mit Sport zu tun! Aber wenn man sieht, wie unsere Leute sich an der frischen Luft bewegen ... Das geht dann so, wenn der Sonderzug in 10 Minuten kommt: erstmal den Fotostandpunkt erreichen, einen hohen Bahndamm rauf, durch Brombeergestrüpp und noch ein Stück die Strecke lang, weil man den Zug direkt am Tunnel aufnehmen will ... also da ist auch Sport mit drin!"

Der Berliner Modellbahnverein e.V. besteht seit 1950. Seit 1960 hat er seine Bleibe in einem großen Verwaltungsbau der Deutschen Bundesbahn am Halleschen Ufer. Eisenbahner von Beruf finden sich unter den rund 30 Mitgliedern nicht. Aber man legt Wert darauf, daß der Fahrbetrieb sachgemäß vonstatten geht. An den fünf Schaltpulten befinden sich sogar Telefone, mit denen sich die anwesenden Spieler über die Abfahrt der Züge verständigen – obwohl sie nur ein paar Meter voneinander entfernt stehen. „Beim Fahren der Züge entstehen zu viele Nebengeräusche", erläutert Hans-Peter M., Vereinsvorsitzender und im Alltag als Kriminalbeamter tätig. Er bedauert, daß der Zugverkehr auf der Gemeinschaftsanlage nicht nach einem Fahrplan erfolgt. Die Probleme seien dabei einfach zu groß, schon bei einer Anlage wie der ihren, wo das Zugaufkommen etwa dem Bahnhof Hameln entspräche. Wenn man eine H0-Anlage, also den Maßstab 1 : 87 habe, müsse man dann zum Beispiel auch die Zeit in 1 : 87 teilen? Wofür es im übrigen durchaus speziell eingestellte Uhren gebe, aber die könne man vergessen. Was am stärksten dagegen spricht, ist jedoch etwas anderes: „Wenn wir einen Fahrplan hätten, könnte es passieren, daß 20 Minuten kein Zug fährt. Das geht nicht, obwohl es ganz und gar realitätsbezogen ist, wenn man sich vorstellt, an einer tatsächlichen Eisenbahnstrecke zu stehen. Lange Zeit passiert nichts – dann plötzlich kommt der Zug. An einem echten Bahnhof würde sich ja vieles ereignen, auch wenn die Züge halten: sie müssen zur Abfahrt vorbereitet werden, Fahrgäste steigen aus und ein, Handkarren mit Gepäck kommen angefahren. Das können wir im Modell eben alles nicht machen, sondern uns nur vorstellen. Wir können nur am Schaltpult stehen – als Fahrdienstleiter und Lokführer in einem."

Die „Arbeitsgemeinschaft Spur 0" hat sich im November 1977 über Annoncen in der Modellbahnpresse gefunden. Seitdem wird im Dachstock eines typischen Kreuzberger Fabrik-Hinterhofgebäudes, in der Schlesischen Straße, wo man sich überall an das Pola-Sortiment erinnert fühlt, an einer großen Anlage gebaut und gefeilt. Sie soll einen charakteristischen Streckenabschnitt in der Gegend um Zossen nicht weit von Berlin wiedergeben, wenn sie einmal fertig wird – und das kann lange dauern. Die einstmals handelsübliche, später von der wesentlich kleineren Spur H0 verdrängte Modelleisenbahn dieser Größenordnung erfordert ein erhebliches Maß an Eigenarbeit. Selbst Loks und Waggons sind häufig nur in Kleinserien zu haben; selbst das Gleismaterial ist nicht in gewünschter Qualität im Handel zu beziehen. Oft sind es Privatleute, die auf eigene Kosten eine Gußform oder einen Bausatz in Auftrag geben und nur hoffen können, daß sich eine genügend große Anzahl von Abnehmern findet.

Die Vorteile wiegen aber die Nachteile auf. Nicht auf ein reiches Angebot an industriell vorgefertigten Zubehör zurückgreifen zu können, wirkt phantasieanregend. So kann die Handvoll Spur-0-Bahner in der Schlesischen Straße ihre Anlage nach vertrauten regionaltypischen Vorbildern gestalten, während der H0-Bastler, ganz gleich ob er in der Lüneburger Heide oder in Holstein am Schaltpult wirkt, mit Faller- oder Vollmer-Häusern unweigerlich ein Stück Süddeutschland in seinen Schäferkarren oder unters Reetdach transplantiert. Die Spur-0-Männer wagen sogar das Ungeheuerliche, ihren Hauptbahnhof ohne konkretes Vorbild und nur vermöge ihrer Einbildungskraft zu schaffen.

Ungewöhnliche Formen der Vereinskommunikation zeichnen den „Freundeskreis Europäischer Modellbahner", kurz FREMO aus. Sein Programm schleudert revolutionäre Parolen gegen den biedermeierlichen Stil der Modellmehrheit: „Aktivität und Kreativität statt reinem Sammeln! Betriebsorientierte Konzeption statt Kreisverkehr! Eisenbahnbezogene Detaillierung und Realismus statt kitschiger Überladung! Aufbau eines europäischen Modulsystems (FREMODUL)!"

Die Mitglieder bauen jeweils ein Modul einer Anlage. Anfangs- und Endstücke liefert der Verein genormt, den Rest, d.h. die Länge des Teilstücks und seine Gestalt kann jedes Vereinsmitglied selbst bestimmen. Auf diese Weise entsteht kein geschlossener Kreis, aber das strebt auch niemand an, denn wie bei der richtigen Eisenbahn soll der Zug irgendwo abfahren und an einem Ziel ankommen, also wirklich eine Strecke zwischen zwei Punkten zurücklegen.

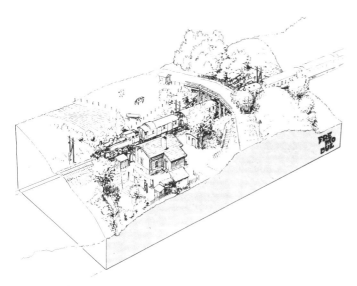

Einmal im Jahr kommen dann alle FREMO-Kader zusammen, jeder mit seiner Kiste im Gepäck, und die Module werden zusammengesetzt. Bei der Jahrestagung 1985 im westfälischen Hamm fanden einander 29 Module. „Das Arrangement", so das Mitteilungsblatt „HP 1", „wies einen größeren Durchgangsbahnhof, 2 Nebenbahn-Bahnhöfe, 1 Haltepunkt und 2 Schattenbahnhöfe auf".

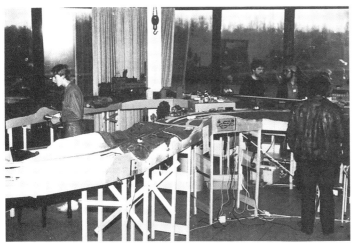

„Klubabend bei den Liliput-Eisenbahnern"

Es geht um den Realismus

Die Realismusdebatte ist in den Spalten der Modellbahnpresse noch immer höchst lebendig. Des Germanistikstudenten graues Brot der frühen siebziger Jahre, der Realismusbegriff, spielt dort eine Rolle, als ginge es noch immer um Staudammlyrik und Donkosakenprosa. Auch in den Verlautbarungen von Modellhausherstellern nimmt das Wort „realistisch" einen fast drohenden, gehorsamheischenden Unterton an: „Das Polizeirevier 7 für unsere N-Bahner; Sie können einfach nicht darauf verzichten, wenn die Ortsanlage realistisch sein soll ... und das wollen Sie doch!" Gewiß, jawohl. Aber warum eigentlich?
„Also praktisch die Wirklichkeit, die Wirklichkeit so wie's ist; die Wirklichkeit, so wie's in Wirklichkeit abläuft, der ganze Betriebsablauf bei der Eisenbahn, das zu vollziehen im Kleinen ... der Reiz, das Original in Kleines zu verwandeln..."

Die fast formelhaft beschwörende Antwort eines Vereins-Modellbahners nach seinem Tun klingt, als wolle er damit festhexen, was kein Bastlerleim am Verflüchtigen hindern kann: das Phantom „Realität". Um das Dilemma des Begriffes in der Welt der Modelleisenbahn kenntlich zu machen, empfiehlt es sich, zur Abwechslung einmal nicht die Wiedergabequalität der Modelle und ihrer

Zusammenstellung in der Anlage zu betrachten, sondern umgekehrt von dort aus jene „Wirklichkeit" zu rekonstruieren, also nicht eine Verkleinerung sondern eine Rückvergrößerung vorzunehmen.

Am Anfang stand die Eisenbahn, die sich auf einem Kreis oder Oval bewegte, wobei das zweite schon einen Schritt weiter bedeutete, denn es ermöglichte für den Augenblick die Illusion einer Bewegungsrichtung. Dann kamen die fünf Urtypen des Spielzubehörs: Bahnhof, Tunnel, Baum, Haus und Kirche. Am Bahnhof konnte der Zug halten. Der Tunnel ließ ihn verschwinden, denn anders konnte man ein zentrales Moment des wirklichen Eisenbahnerlebens nicht nachstellen: der Zug *kommt*. Der Baum verwies auf die Erdoberfläche, auf der die Eisenbahn kreiste, und auf die Schätze der Natur als Grundstoff für alle Werke der Zivilisation. Das Haus erinnerte daran, daß die Eisenbahn im Dienste von Menschen stand, die Kirche im Dorf daran, daß diese Menschen in gesellschaftlichem Zusammenhalt lebten. An dieser Grundstruktur der Modellbahnanlage hat sich bis heute bei allem Aufwand, aller Detailgenauigkeit, aller Vielfalt und Farbigkeit von Architektur-

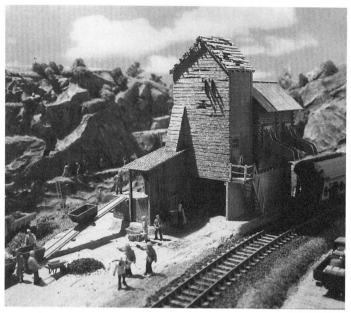

„Ein altes, verfallenes Kieswerk läßt eine Anlage erst richtig lebensecht erscheinen."

und Landschaftsmodell nichts Wesentliches geändert. Die Eisenbahn ist noch immer die innere Vernunft dieser Welt. Sie gibt den Maßstab für alles andere vor. Die Fläche der Anlage teilt sie in Trassengelände und kleine eisenbahnfreie Zonen, die aber nur als Hinterland dienen, sofern sie nicht gar ihrer baldigen Erschließung harren. Niemand würde hunderte von Bäumchen basteln, einfärben und bekleben, wäre da nicht die Eisenbahn, für deren Garnierung sie bestimmt sind. Alles hängt von der Eisenbahn ab — wenn man die Modellanlagen nicht als Abbild, sondern einmal als Schaubild für Verkehrs- und Wirtschaftsverhältnisse ansieht, fühlt man sich ins 19. Jahrhundert zurückversetzt, als die Eisenbahn nationalökonomischer Leitsektor war, auf den Bergbau, Hüttenindustrie, Maschinenbau und Verkehrsströme sich einzu-

richten hatten.

Paradoxerweise hat der Reichtum an Landschafts- und Architekturzutat in der Modellbahn auch die Funktion, einen bis heute nicht behobenen, weil ihr innewohnenden Mangel zu verschleiern: daß sie nämlich von nirgendwo kommt und nirgendwo wirklich hinfährt. Mag das Gleisgewebe noch so kompliziert, die Anlage noch so groß, ihre Form einem „N" oder einem „U" nachgebildet sein, letztlich kommt doch wieder die Urkonfiguration des Kreisverkehrs zum Vorschein. Ein Ziel des Anlagenbaues ist darum, den Ablauf zeitlich zu dehnen. Ein echter H0-Realo wird meistens der Versuchung widerstehen, seine Anlage aus der Vogelperspektive zu betrachten und sich eines Luftbildes zu erfreuen, das sonst stets von der Freigabe durch irgendein Regierungspräsidium, Innenmini-

sterium oder eine sonstige genehmigende Autorität abhängig ist. So etwas würde eher zuviel von der Anlage preisgeben. Das Glück des Modellbahners ist es, überspitzt gesagt, seine Züge einem edlen Wild ähnlich möglichst selten zu sehen, einen flüchtigen Blick darauf zu erhaschen, wenn er aus der Tunnelnacht auftaucht, um hinter

„…Konstrukteure haben für Sie das Modell einer Raffinerie geplant. Ein fesselndes Motiv für Ihre Anlage, wie in der Wirklichkeit: Romantik der Technik."

der nächsten Hügelkette wieder zu verschwinden. Auf Großanlagen läßt sich eine raffinierte Einrichtung schaffen, welche die Züge für lange Minuten den Blicken entzieht und auf unterirdische tote Strecken und Halteplätze umleitet. Es handelt sich um die sogenannten „Schattenbahnhöfe". Plötzlich nimmt die Eisenbahnanlage mythologische Gestalt an. Ein wahres Schattenreich für Lokomotiven und Waggons, mehr noch: sie sind gleichsam aus Raum und Zeit genommen, in eine vierte Dimension der Eisenbahnanlage überführt. Der Weg, den sie zurücklegen, realisiert sich nur in der Phantasie des Spielers. Was lediglich als Hilfskonstruktion gedacht ist, offenbart unversehens die ungeheuren schöpferischen Möglichkeiten, die noch in der Modelleisenbahn stecken, wenn man sich erst von der Realitätsmarotte gelöst hat.

Das zweitwichtigste Attribut eines gelungenen Modellarrangements neben „realistisch" ist „harmonisch". Nicht selten werden beide Wörter in einem Atemzug verwendet, wo Anerkennung oder auch Eigenlob fällig ist. Die „Harmonie" liegt dabei wahlweise im Bezeichneten wie im Bezeichnenden der architektonischen Polystyrolsprache, einerseits soll sie

„Holen Sie sich den modernen Baustil, die Harmonie und die Idylle, die diese Einfamilienhäuser ausstrahlen, auf Ihre Anlage."

dem Gegenstand der Wirklichkeit eigen sein, auf den sich das Modell bezieht, andererseits der fugenlosen Anordnung mehrerer Modellelemente zu etwas Neuem. Also entweder: „Die Fachwerk-Modelle für den romantischen Teil der Altstadt sind die ideale Ergänzung zu den bahntypischen Gebäuden aus der Dampflokära. Sie vermitteln die harmonische Stimmung der guten alten Zeit". Oder aber: „In diesem Ausschnitt aus der nebenstehenden Anlage wird deutlich, wie harmonisch die neue Bahnhofshalle B-180 zum Bahnhof 'Bonn' paßt." Der Harmoniegrundsatz soll für die ganze Anlage gelten: „Wem es gelingt, die Wechselwirkungen von Schiene und Straße, Natur und Technik in Harmonie zu vereinen, der hat das erstrebte Ziel erreicht..."[22]

Hier gilt es, einem Mißverständnis vorzubeugen. Die Eisenbahnwelt ist keineswegs immer heil. Hier sind nicht nur Idylliker am Werk. Auch die harte Realität wünscht sich der Eisenbahner ins Modell. In der MIBA finden sich genauso Hinweise, wie man eine stinkende Abwässerkloake mit Autowracks nachstellt. Da sich außer der Eisenbahn in der Anlage wenig bewegt, müssen die Lebenden Bilder wenigstens dramatische Szenen vorgeben: Bankraub, Hausbesetzung, Altstadtgroßbrand, Auffahrunfall und anderes mehr. Wo die Wirklichkeit über den schönen Schein herrscht, ist man noch unbefangener, berichtet ein

Modellbahner vom Berliner Post-Sport-Verein: „Ich habe drüben Anlagen gesehen in der DDR, da ist es gang und gebe, daß die dann maßstabsgerecht ein Stück Strecke bauen und soweit gehen – ich habe es selbst gesehen –, wenn da in einer Wartehalle seit Jahr und Tag die Sitzbank zerbrochen ist, dann ist bei denen auf dem Modell die Sitzbank kaputt. Oder wenn ein Gullydeckel schief liegt, dann ist der auch im Modell schief drauf...". Man sieht: einem weitverbreiteten Vorurteil unserer Hemisphäre zum Trotz macht der Sozialistische Realismus vor Mißständen im eigenen Lager keineswegs halt. Die Ästhetik des Häß-

Zeitgeist im Modell: Demonstration im Jahre 1969

lichen in der Modellbahnerei findet allerdings auch nicht ungeteilte Billigung. Darüber kam es in der MIBA vor einiger Zeit zu einer Auseinandersetzung, die ein Leser eingeleitet hatte: „Morbide Alltagsrealität auf der Modellbahn ist wie Kriegsspielzeug im Kinderzimmer. Sie verdirbt das Klima des spielerischen Hobbys. Freizeitgestaltung, die gerade heutzutage ein so wichtiges Anliegen ist, sollte frei sein von Schutt und Asche – seien es Brände, Unfallszenen, Manövergebiete oder eben Abbruchhäuser. Freizeit, die der liebevollen Wiedergabe von Mißständen gewidmet ist, ist vergeudete Zeit".[23] Die Zuschrift eines anderen Modelleurs pflichtete ihm bei: „Wie kann man nur sagen, daß die Realität als Maßgabe für eine

Anlage förmlich nach der Nachgestaltung solcher Dinge verlange ... ein Fleckchen wird sich schon noch irgendwie finden, um zu 'verewigen', wie man sein Auto zu Schrott fuhr oder die Familie vor ihrem abbrennenden Haus steht. Nein, *action* und 'Leben' gibt es mehr als genug auch in anderer Hinsicht."[24]

Werner Walter Weinstötter, Herausgeber der MIBA äußerte sich verbindlich: „Was gibt es Schöneres als unser Hobby und den Zeitvertreib mit ihm, und man sollte sich die nach ureigenen Plänen geschaffene Harmonie seines kleinen Traumlandes nicht durch unschöne, unästhetische

Szenen und Motive – und seien sie noch so realistisch in Ursache und Wirkung – zerstören lassen... ich persönlich stoße mich trotz meiner realistischen Grundeinstellung gleichfalls an allzu 'blutrünstigen' Unfallszenen, allzu realistisch gestalteten Eisenbahnunglücken u.ä. Ich begnüge mich mit einer kleinen, alltäglichen Autokarambolage oder einem Menschenauflauf, weil sich zwei Betrunkene prügeln, oder mit der Imitation einer Wahlversammlung u.ä. Daß hierbei im Hintergrund ein Abbruchhaus zu sehen ist oder eine Hausbesetzung Anlaß zu *action* bietet, stört mich nicht. Das sind Attribute der Wirklichkeit, die bestimmt kein Gemüt verletzen können. Da könnte mich persönlich weit eher ein allzu kitschiges Motiv auf der 'Heile-Welt-Anlage' in Harnisch bringen, weil es mir vielleicht zu 'verlogen' erscheint."[25]

Dabei muß man sich immer wieder vergegenwärtigen, daß wirkliche Dramatik Bewegung verlangt und die ist hier nun einmal der Eisenbahn vorbehalten. Alles ist erstarrt wie in Dornröschens Schloß, und der Knüppel des Polizisten wird ebensowenig auf den Hausbesetzer niedersausen wie der Kochlöffel des erzürnten Küchenchefs auf den säumigen Lehrling. Beides kommt in der Modelleisenbahnanlage nicht vor.

Ein richtiges Eisenbahnunglück, wo die Lokmodelle zusammenstoßen und aus den Schienen springen, ist den ernsthaften Spielern zu viel an Realismus – ganz im Gegensatz zum kindlichen Eisenbahnvergnügen, das nicht zuletzt darauf basiert. Gerade weil das Eisenbahnunglück einen großen Anteil an Faszination und Schrecken hatte, die von den Unwägbarkeiten der Technik ausgingen, scheute sich Märklin in der Anfangs-

zeit der Spielzeugbahn nicht, einen „Katastrophenzug" auf den Markt zu bringen, der beim Aufprall in Einzelteile auseinanderfiel. Heute wäre dergleichen kaum möglich, weil die feine Detailwiedergabe der Modelle solche Eskapaden nicht erlaubte. Auch hierzu die Meinung eines Modell-Bahners von der Berliner Post: „Wir ziehen hier keine Unfälle mit Absicht auf. Wir haben auf unserer Anlage praktisch noch nie einen schweren Unfall gehabt. Und wenn, dann ist höchstens mal eine Lok heruntergefallen. Da hat dann jemand ein Stück Werkzeug liegenlassen. Unser Herr S., der baut hier im Nebenraum die Elektronik auf, und die beinhaltet, daß alles unfallfrei läuft. Wenn sich da wirklich mal ein Fehler einschleicht, fährt eben gar nichts."
Immerhin wird hier der Unfall in Worte gekleidet, als handle es sich um eine wirkliche, durch Zufall eintretende Katastrophe. Nicht zu unterschätzen ist die Empfindlichkeit der Modelle und ihr hoher Preis, welcher der Zerstörungswut und -freude allemal Grenzen setzt. Ein wesentlicher Aspekt des Eisenbahnrealismus: das Geld, das Detailgenauigkeit und Feinarbeit kostet. Wie beides aufeinan-

der angewiesen ist, hat Märklin mit unübertroffener Schlichtheit ausgedrückt, als das Unternehmen 1968 begründete, warum es keine N-Bahnen bauen werde: „Die Gründe dafür sind im wesentlichen tiefenpsychologischer Natur. Weder Jugendliche noch Erwachsene sehen in diesen Miniaturen noch eine Eisenbahn, sie bringen die Assoziation zu den 'Giganten der Schiene' nicht auf, man möchte sagen, die kleine Bahn läßt sie 'kalt'. Diese gefühlsmäßige Abneigung verstärkte sich dann noch erheblich ins Reale, wenn die Befragten erfuhren, daß eine solche Märklin-Spur-N-Bahn kaum weniger kosten würde als die doppelt so große Spur H0!"[26] Um mit Robert Musil zu enden: „Wenn man nun in bequemer Weise die Menschen des Wirklichkeits- und des Möglichkeitssinns voneinander unterscheiden will, so braucht man bloß an einen bestimmten Geldbetrag zu denken."

Je idyllischer die Anlage, je harmonischer das Bild aus Landschaft und Fachwerk, umso stärker hat man das Gefühl: Hier stimmt was nicht, die Ruhe trügt, ein Gewitter liegt in der Luft. Wo so viel Schöpfung ist, kann die Apokalypse nicht ausbleiben. Schon ein friedliches Haustier steht so drohend über den Gleisen wie King Kong über dem Broadway. Es bedarf keiner großen Phantasie, um sich die Katastophen der Eisenbahnanlage auszumalen. Ein einfacher Wasserrohrbruch genügt. Schlimmer noch: Wie leicht können sich in den Schattenbahnhöfen Bataillone von Küchenschaben sammeln, die Kabel durchknabbern und die Elektronik durcheinanderbringen. Signale funktionieren nicht mehr, die Züge laufen auf. Zuletzt wuseln die kleinen Schattenkrieger über Berg und Tal, fressen die Tannen kahl und besetzen Kurhaus und Grand Hotel. Finale.

Zentralorgan

In der Nürnberger Schanzäckerstraße, in einem von kleinen Gewerbebetrieben geprägten Viertel unweit des „Plärrers" steht ein unscheinbares, rostrot gestrichenes Geschäftshaus, das den Verlag der MIBA beherbergt: der ältesten und einflußreichsten Fachzeitschrift für Modelleisenbahnen in Deutschland. Gegründet im Jahre 1948, unter der Control Licence US-E 102 getarnt im Verlag „Frauenwelt" erschienen und fast von der

Werner Walter Weinstötter und Artur Braun (BRAWA) auf der Spielwarenmesse in Nürnberg

US-Militärregierung verboten, stellte die Herausgabe einer solchen Zeitschrift in kargen Nachkriegsjahren ein ziemliches Wagnis dar. Der Gründer und Herausgeber bis heute, Werner Walter Weinstötter, der in den Spalten der Zeitschrift mit WeWaW zeichnete, zog sich erst Anfang 1985 aus der Redaktion zurück. Weinstötter sieht das Verdienst seines Blattes vor allem darin, „daß viele Jahre lang und erst recht in der 'Pionierzeit' die MIBA quasi allein auf weiter Flur stand und den 'Kampf mit der Industrie' allein ausmachen mußte, da diese ... lange Zeit den Modellbahnerwünschen nicht gerade aufgeschlossen gegenüberstand oder diese nur widerstrebend erfüllte."[27]

Tips und technische Hinweise zum praktischen Modellbau, Neuheiten auf dem Markt und eingesandte Fotos mit Berichten füllen die monatlich erscheinenden Hefte, deren Auflage heute bei 40000 Exemplaren im Durchschnitt liegt. Früher ein bißchen bieder in der Aufmachung, ist die

Michael Meinhold

MIBA seit einigen Jahren ein farbiges Magazin. Der Stil der Beiträge ist feuilletonistischer und ein wenig kesser geworden. Heute wird die Zeitschrift von vier Mitarbeitern gestaltet, die aus allen möglichen Berufen stammen. Chefredakteur Michael Meinhold hat vor Jahren Jura studiert und ist über sein Hobby zu der Zeitschrift gekommen. Er selbst hat zuhause keine Anlage mehr – kein Wunder, wenn das Freizeitvergnügen nun Alltagswelt geworden ist. Eine Zeitlang habe man durchaus mit dem Gedanken gespielt, eine MIBA-eigene Anlage zu installieren. „Über Planungen ist das aber nie hinausgekommen, obwohl viele Leute von unserer Arbeit so die Vorstellung haben, daß wir morgens erst mal an den Trafo gehen, um uns warm zu spielen, und daß es dann den ganzen Tag so weiter geht."

Welchen Einfluß hat die MIBA? Meinhold hält ihn durchaus für groß. In zwei wesentlichen Forderungen der Modellbahner – maßstabsgetreue Schnellzugwaggonlängen und Geschoßhöhen der Häuser – habe das hartnäckige Nachbohren der MIBA letztlich zum Erfolg geführt. Heute gehe es um mehr Realismus in der Ausgestaltung der Häuser. Erst neulich habe er in einem Gespräch mit einem Mitarbeiter von Kibri festgestellt, daß ihnen die Butzenscheiben beiden zum Hals heraushingen und sie sich mehr „stinknormale Architektur" wünschten, weil das andere überhaupt nichts mehr mit dem wirklichen Bild der Bahn zu tun habe. Dahin geht nämlich der Trend im

Modellbau professionellen Zuschnitts: lieber nur einen Streckenabschnitt, eine Bahnhofssituation, aber die perfekt. „Es gibt eben zwei Lager unter den Modelleisenbahnern. Die einen wollen ihre kleine heile Welt mit sich selber als Gottvater am Regler. Die anderen wollen die Eisenbahn und ihr Umfeld so genau wie möglich." Man hat in der MIBA durchaus mit Neuerscheinungen wie jener Schwarzen Serie von Pola sympathisiert.

Muß es eigentlich immer nach Vorbildern aus dem Alltagsleben zugehen? Warum können die Züge nicht durch „Metropolis", durch das antike Rom von morgen und die Torte von vorgestern rasen? Gibt es sie nicht, die Wilden Bastler oder finden sie in der MIBA keine Beachtung? Meinhold erzählt von einer Modellanlage – „Anlage in Anführungszeichen", betont er – auf der Weltausstellung in Montreal. Da habe man eine Modellbahn an Bierkrügen und anderen deutschen Symbolen vorbeifahren lassen. Das habe einen Sturm der Entrüstung gegeben. Er weist auf eines jener vollkommen gearbeiteten Lokomotivmodelle hinter sich: „Die Leute schaffen wohl einfach den Sprung nicht von etwas so Originalgetreuem zu irgendetwas Phantastischem". Selbst eine sehr detaillierte Lokomotive, die aus den Motiven verschiedener Länderbahnen frei erfunden worden sei, habe keine Käufer gefunden, obwohl die MIBA sich sehr dafür eingesetzt habe.

Zu denken gibt auch ihnen das Problem, daß die nachwachsenden Generationen keine „elementaren Eisenbahnerlebnisse" haben. Er bestätigt das Dilemma, daß man einerseits eine immer größere Verfeinerung der Modelle gewollt und auch erreicht habe, sie aber damit auch immer mehr der Kinderhand entzogen hat, was sich jetzt auf dem Markt bemerkbar macht. Nun wird es auf einmal wieder vorstellbar, daß Anfangspackungen für Kinder mit weniger exklusiven Modellen herauskommen. Die MIBA will deshalb auch eine Jugendecke einrichten.

Stolz ist man auf die starke Leserbindung der Zeitschrift. Ein beträchtlicher Teil der Beiträge wird von Lesern geschrieben und bebildert. Ob auch einmal etwas zurückgewiesen wird? Ja doch, verniedlichende oder allzu blutrünstige Unfallensembles. Das komme schon vor, daß einer Unmengen von roter Farbe aufwende, seinen kleinen Preiser-Figuren Arme oder Beine absäge und in den nächsten Baum hänge. Das wolle man nicht und auch nicht alles Militärische, keine Manöverdarstellungen und ähnliches: „Wir haben eine pazifistische Grundhaltung".

Rückvergrößerung
– ein neues Konzept für den Städtebau?

Es wäre ganz verkehrt, würde man das Verhältnis von Modell zu gebauter Architektur nur als ein dienendes ansehen. Nicht wenige Gebäude existieren überhaupt nur als Modelle und man kann nicht sagen, daß ihre Wirkung auf die Architektur dadurch geringer gewesen sei. Um nur an die riesigen Modelle der Hitlerschen Planungen für die Welthauptstadt Germania zu erinnern. Ihre Realität sind die Fotos, die es von den gipsenen Kolossen gibt und jenes Nichts des 1939 vorsorglich leergeräumten und nicht wieder bebauten Areals am Spreebogen. Von 1987 an allerdings wird in dieser Gegend das 1:1-Modell einer neuen Fiktion entstehen: Der deutschen Geschichte soll hier ein Museum erstehen – langweilig, tautologisch und uninspiriert in dieser Stadt, die bereits ein Deutsches Historisches Museum *ist*.

Dies zu einer Zeit, die sich „wie keine andere an akkurater historischer Nachahmung erfreuen kann", so Charles Jencks, der angesichts der „kulturellen Herausforderung" eines gänzlich in

Wirtschaftsminister Erhard besucht eine Ausstellung. Arrangement von Preiser aus dem Jahre 1963. Bald ist Erhard Kanzler.

antikisierender Manier gehaltenen Getty-Museums in Malibu fortfährt: „Dank unseren Reproduktionstechniken ... können wir tun, was die Stilnachahmer des neunzehnten Jahrhunderts nicht tun konnten. Wir können fragmentarische Kenntnisse aus verschiedenen Kulturen reproduzieren, und da alle Medien dies seit fünfzehn Jahren tun, hat sich unser Empfindungsvermögen verändert. Dank den farbigen Zeitschriften, den Reisemöglichkeiten, der Fotoindustrie hat Herr Jedermann ein gut bestücktes Musée imaginaire und ist zu einem potentiellen Eklektiker geworden."[28]

Wie erst in einem Lande, wo die Baukunst des Klebens und Zusammensetzens, wenn auch nur im Kleinen, seit Jahrzehnten geprobt wird? Nicht selten entsteht der Eindruck, die Fallers seien bereits die Generalbaumeister der Republik, und in den Schubladen der Baubürokratie lägen neben der HOAI längst die Neuerscheinungskataloge der H0-Branche. Das geheime Beziehungsgeflecht wurde schlaglichtartig an der Bebauung der Römerberg-Ostzeile in Frankfurt deutlich. Die noch vor Vollendung des Bauwerkes erfolgte Überführung dieses exemplarischen Falles von Kulissenarchitektur in den Plastikbausatz machte eine innere Interessenverwandschaft offenkundig, die nicht nur in einer damals dringend gebotenen Imageverbesserung bestand – von Faller wie von Frankfurt.

Die spektakuläre Generalprobe für das Comeback des Fachwerks in die Metropolen fand nicht von ungefähr in diesem Gemeinwesen statt, das wie kaum ein anderes in der Bundesrepublik nach Trostpflastern für sein schrundiges Antlitz verlangte. Schon kilometerweit konnten die Verächter der Stadt am Main jene Hochhäuser sehen, die man irrtümlich für Merkmale der Großstadtkrise hielt, und von denen man sich heute im Zeitalter der neuen Putzigkeit noch viel mehr wünscht. Damals trugen die Bank- und Versicherungszwingburgen der Stadt den unverdienten Beinamen „Mainhattan" ein. Das Frankfurter Westend, spekulationsgebeuteltes Villenviertel, wurde durch Hausbesetzungen und Straßenschlachten Tagesschaudauerthema. Zu allem Überfluß noch mitten in der Stadt eine ausgebrannte Kriegsruine, die mittlerweile wiederaufgebaute Alte Oper. Von der einstigen Fachwerkstadt hatten die Bomben des zweiten Weltkrieges nahezu nichts übriggelassen. Goethehaus und Römer baute man in den 50er Jahren als für die Stadt unverzichtbare Denkmäler der großen Vergangenheit wieder auf, um der Kaiserstraße wenigstens einen zweiten Schwerpunkt Frankfurter Identität entgegensetzen zu können – gegen Rosemarie Nitribitt hatte es die Erinnerung an den Dichterfürsten schwer.

All das ist schon lange her. Allenthalben spricht man nicht nur in der Stadt selbst vom neuen Frankfurt-Gefühl. Die Oper strahlt in altem Glanz und die schönen neuen Museumsbauten haben den Ruf Frankfurts als Kunst- und Kulturzentrum so sehr gemehrt, daß der Architekturkritiker Manfred Sack bei einem Vergleich des Kunstgewerbemuseums am Mainufer mit dem gleichzeitig fertiggestellten Gehäuse gleicher Absicht am Berliner Tiergartenrand feststellte, hier könne man sehen, was Metropole sei und was Provinz.
Neben alledem nahm sich das Vorhaben, inmitten der modernen Stadt aus Stahl und Glas sieben alte Giebelhäuser des alten Frankfurt zu rekonstruieren, recht wunderlich aus und traf in der Architektenwelt auf unverhüllten Spott. Den Wiederaufbau der kriegszerstörten Baudenkmäler in deutschen Städten hatte der mitunter weitausgelegte Grundsatz geleitet, nur dort, wo das Gebäude noch in Fragmenten vorhanden sei, könne und dürfe man eine Wiederherstellung wagen. Daß ein historisches Bauwerk von Grund auf, allein nach Bildvorlagen wiedererstand, wie es das polnische Beispiel nach dem 2. Weltkrieg vormachte, blieb die Ausnahme – eines davon war das erwähnte Goethehaus in Frankfurt. Schon die Frage, welches eigentlich der zu rekonstruierende Zustand der Römerbergzeile sein sollte, war schwierig zu beantworten. Derjenige unmittelbar vor der Zerstörung – also am Ende einer von vielen Abänderungen gekennzeichneten Entwicklung? Oder ein Urzustand, der gegenüber allen konkurrierenden Lösungen den erheblichen Nachteil zu haben schien, daß nur unzureichende Bildvorlagen ihn dokumentierten? Noch während die Diskussion, an der sich schon Gene-

Edwin Faller und Frankfurts Oberbürgermeister Walter Wallmann bei der Grundsteinlegung zur Römerbergzeile

rationen von Denkmalpflegern seit den Tagen Viollet-le-Ducs zerrieben hatten, in vollem Gange war, präsentierte die Gebr. Faller GmbH einen wahrhaft salomonischen Ausweg. Um die Häuserserie noch vor dem Abschluß der langwierigen Diskussion auf den Markt bringen zu können, aber auf jeden Fall dem Wunsch der Modellbahner noch absoluter Treue zum Original Rechnung zu tragen, packte man einfach die Zutaten für eine Fachwerk- und eine Nichtfachwerkvariante in die Schachtel. Ein Schritt, der eigentlich das ganze

Begriffsinstrumentarium moderner Stadtverwaltung hätte ins Schwingen bringen müssen. Bürgerbeteiligung! Partizipation! Ideenvielfalt! Wekkung historischen Bewußtseins! Mündige und unmündige Frankfurter, ja die H0-Enthusiasten des ganzen Landes konnten mitentscheiden. Natürlich setzte sich schließlich die nach idealtypischen Frankfurter Haustypen interpolierte Fachwerkvariante durch, gewiß im Einklang mit dem Bürgerwillen, der – nimmt man das Marktverhalten der Modellbahner als Indikator – dem Fachwerk bekanntlich allemal den Vorzug gibt. Von einer „kompletten Fiktion" sprach der Kunsthistoriker Dieter Bartetzko: „Mag jeder Zentimeter der Höhe und Breite stimmen, jede Fenstersprosse auf ein authentisches Vorbild zurückzuführen sein, in einer Zeit, wo nicht nur Flohmärkte

B-911

und Antiquitätenhandel blühen, sondern ganze Industrien damit beschäftigt sind, Kleidung, Möbel und Bauten als Imitate der Vergangenheit zu produzieren, in einer solchen Zeit gerät auch die sorgfältigste Rekonstruktion zum Wirklichkeitsersatz."[29] Die Modellbahnpresse konnte nach Abschluß der Bauarbeiten am Römerberg triumphierend feststellen: „Übrigens werden die Fassaden in Wirklichkeit – ähnlich wie im Modell – auch nur vorgeblendet! Im Modell hat Faller jedenfalls dafür gesorgt, daß jeder 'Miniatur-Architekt' seiner städtebaulichen Fantasie freien Lauf lassen kann."[30]

Bliebe hinzuzufügen: nicht nur der Miniatur-Architekt. Die Römerberg-Ostzeile hat unter Stadtplanern und Denkmalpflegern den Konsens des Erlaubten im Umgang mit der Historie im Stadtbild löcherig gemacht. Daß der Schritt zur Kulisse eines Tages auf die Kritik am banalen Wiederaufbaugesicht der deutschen Städte folgen würde, überrascht nicht. Die mittlerweile zur bloßen Festrednerplattitüde geronnene nüchterne Rechnung, daß nach dem Krieg mehr an historischer Bausubstanz zerstört worden sei als durch diesen selbst, hat weithin zu dem Fehlschluß geführt, „historische Architektur" (als ob es unhistorische gäbe) sei etwas durchweg so viel Wertvolleres, daß man hier, und sei es um den Preis der bewußten Selbsttäuschung Wiedergutmachung leisten müsse.

Seit jenem fatalen Frankfurter Beschluß wird in Deutschland rekonstruiert und aus der Imagination verwehter Mittelalterromantik herbeigezaubert, daß sich die Fachwerkbalken biegen – um im Bild der architektonischen Lüge zu bleiben. In Hildesheim beginnt derzeit der Wiederaufbau des im Krieg restlos verbrannten Knochenhaueramtshauses, des einstmals berühmtesten und prächtigsten Fachwerkbaues in ganz Europa. Eine Reihe weiterer Rekonstruktionen sollen dem Hildesheimer Marktplatz sein früheres Gesicht zurückgeben. Das Ensemble ist bereits unter Denkmalschutz gestellt, obwohl im Augenblick noch nichts steht, sondern abgerissen wird, was in kahlem Beton offenbar nur stellvertretend existieren durfte.[31]

Die Reihe wäre fortzusetzen. In Hannover steht ein nagelneues Leibnizhaus, das mit dem Philosophen so viel zu tun hat wie der gleichnamige Keks.

Der Wissenschaftsminister von Niedersachsen Cassens vor einem Modell der Marktplatzbebauung in Hildesheim

In Berlin eint das neue Wiederaufbaugefühl Rechte wie Linke. Ob Anhalter Bahnhof oder Krolloper, ob Prinz-Albrecht-Palais oder Grenander-Pavillons, für alles finden Politiker und Bürgerinitiativen Zuspruch in ihrem Bestreben, Geschichte dadurch ungeschehen zu machen, daß etwas von ihr wiederhergestellt wird. Das Ephraim-Palais, im Jahre 1935 abgetragen und in einigen Fassadenfragmenten überliefert, wäre fast in einer Kleinserie neuaufgelegt worden: Im Westen, wo die steinernen Reste lagerten, sollte es eine Alt-Berliner Fotografierecke an der Lindenstraße zieren, im Osten – ohne Originalteile – einen Ort in der Nähe des ursprünglichen. Nun bleibt es doch bei diesem, aber unter Einbeziehung der großzügig überlassenen Westpartikel. Denn mit der für den Wettlauf der Systeme nicht atypischen Zeitverzögerung zieht der real (schon wieder) existierende Sozialismus nach und holt mächtig auf. In der Hauptstadt der DDR reift rund um den „Platz der Akademie" und die Nicolai-Kirche seit Jahren ein Stück Alt-Berlin aus Fertigteilen, für das erst einmal durch Wegharken real existierender, aber nicht genügend gemütstiefer Altbausubstanz Platz geschaffen wurde. Die nun entstehenden Giebelhäuser erhalten ihre Fassaden durch zwei Normteile, ein Quadratisches (für die Stockwerke bis zur Dachtraufe) und ein Dreieckiges (also je zwei für den Rest). Mit einiger Sicherheit wird es Lokale „im historischen Stil" geben, wo der Gast, der im Arbeiter- und Bauernstaat der einzig geduldete König ist, unter Zille- und Hosemann-Reproduktionen sein Stück Buttercremetorte verzehren kann, die ihn an die Kulturpaläste der ausgehenden Stalin-Ära erinnern könnte (die sogenannte Zuckerbäckerarchitektur wäre unbedingt einer vergleichenden Untersuchung wert, verdankt sie doch ihre diesbezügliche, längst umgangssprachlich gewordene Kodierung keineswegs der Spontanmetapher irgendeines antikommunistischen Avantgardesnobs aus dem Westen; vielmehr hängt der ganze Stil – und mehr kann an dieser Stelle nicht angedeutet werden – mit dem revolutionsbedingten Zusammenbruch der traditionellen Backkultur in den osteuropäischen Ländern zusammen).

Bisher war nur von den Großstrukturen historisierender Stadtbildpflege die Rede. Was sich im Kleinen tut an unproduktivem Abkupfern alter Vorbilder, ist noch viel umfangreicher. Ein Berliner Typus von autoabweisenden Pfählen aus Gußmetall, passende Geländer, antikisierende Laternen, Parkbänke mit vagen historischen Reminiszenzen breiten sich über die ganze Republik oder doch zumindest über ihre Fußgängerzonen aus. Der ganze Kurfürstendamm erhält jetzt prachtvoll verzierte Lampen aus der Zeit der

Jahrhundertwende, Hardenberg-Leuchten heißen sie, weil sie nur in der Hardenbergstraße standen – jedenfalls nie auf dem Kurfürstendamm.

Mehr und mehr bündeln sich alle positiven Gefühlsvaleurs der Stadt in dem Wort „historisch", das seine Ursprungsbedeutung als Kennzeichnung einer Zeitdimension in der Alltagssprache von Hochbaubeamten und Altstadtgastronomen weitgehend verloren hat und zur Chriffre für einen Gemütszustand geworden ist. Der Anpassungsdruck ist mittlerweile stark geworden. Auch hier legt ein Plastikmodell beredtes Zeugnis ab.

Eines der Prestigemodelle aus dem Hause Faller zeigt das „Martinstor" im badischen Freiburg. „Moderne Welt und gute alte Zeit sind auch beim Modell dicht beieinander" steht dazu im Katalog zu

lesen, denn im Seitendurchgang des Tores findet sich – ein McDonald's Restaurant. Die erfolgreiche Kette von Schnellimbißrestaurants, die preiswerte, mund- und rachengerecht gehaltene Gerichte aus vitaminreicher Mischkost in hygienisch vorbildlicher, geruchs- und geschmacksfreier Form anbietet, ist zum Feindbild einer diffusen Volksfront geworden, in der sich philhellenische Studienassessorinnen, Graswurzelpartisanen und Liebhaber eines *Sauté de pintadeau au champagne façon chichi* zusammengefunden haben. Hinter ihrer angewiderten Miene freilich verbirgt sich die Fratze einer antiamerikanisch verbrämten Zivilisationsfeindlichkeit – fettige Würste in deutschen Wurstverkäuferhänden fallen dem fast food-Verdikt ebensowenig anheim wie Kebab-Buden, die schon deshalb jeder scheinheilig ausnimmt, um nicht in den Geruch der Ausländerfeindlichkeit zu geraten.

Der Ruf amerikanischer Imbißketten in stadtbildpflegerischer Hinsicht ist nicht der beste. Immer fallen ihre Namen als erste, wenn der Niedergang alter Boulevardkultur der europäischen Metropolen und romantischer Altstadtkerne beschworen wird, obwohl es zunächst einmal der Mietwucher an diesen Straßen ist, der schließlich nur noch finanzstarken Multis Unterkunfts- und Verkaufschancen einräumt. Wie auch immer, McDonald's widmete eine Folge seiner imageverbessernden Anzeigenserie auch diesem Thema: „Schon seit vielen Jahren passen wir unsere Restaurants in vielen Orten dem gewachsenen Stadtbild an und erfüllen gewissenhaft alle

Bau- und Denkmalschutzauflagen der Gemeinden. Auch da wo andere längst das Handtuch geworfen haben, weil ihnen die Erhaltung der Bausubstanz zu teuer, zu langwierig oder zu umständlich erschien. Da ist zum Beispiel das Restaurant in der alten Erlanger Hauptpost. Neoklassizismus in Reinkultur, oder das in Schweinfurt, gotisch und von der Stadt mit einem Fassadenpreis ausgezeichnet. In Ansbach haben wir ein stilvolles Barockgebäude renoviert und McDonald's Landhut (=das *Landhut McDonald's*), ganz bürgerliche Renaissance, sehen Sie auf unserem Foto.

Die meisten Menschen sind sehr sensibel geworden, was die architektonische Verschönerung bzw. Verschandelung ihrer Umwelt angeht. Und das ist gut so. Vielleicht ist es verwunderlich, daß gerade wir dieses Thema aufs Tapet bringen. Aber McDonald's hat hier bereits Erfahrungen gesammelt, als die meisten noch voll auf dem Glas-Beton-Chrom-Trip waren."

Nicht die Selbstdarstellung von McDonald's als eifrigstem Vollzugsgehilfen von Denkmal- und Stadtbildpflege macht die Lüge aus, sondern die Tatsache, daß das Unternehmen sich nun hinter Butzenscheiben, Barockfassaden und dem sprachlichen Schleier heutiger Vergangenheitsseligkeit verbirgt, verbergen muß, anstatt der in ihm verkörperten Ernährungs- und Lebensweise ein adäquates sachliches Erscheinungsbild zu verleihen, und wenn schon: auch aus Glas, Beton und Chrom. Aber nicht nur bei direkt historisierender Architektur läßt sich der Einfluß des Polystyrolbauwesens nachfühlen. Die Mode der sogenannten „Stadthäuser", die eine Zeitlang als die Alternative der Zukunft gegen Mietskaserne und Trabantensiedlung propagiert wurden, kann als klassische Übertragung von H0-Denken in die Architektur gelten: Maßstabsgerecht jedoch städtisch, aber nur im Anspruch, denn in Wahrheit

handelt es sich um nichts anderes als das gute alte vorstädtische Reihenhaus, das freilich als kleinbürgerlich verpönt ist. Das Schlimme ist nur, daß der semantische Trick diesem Gebäudetypus – da er ja vorgibt, Stadtarchitektur zu sein – tatsächlich den Weg in die Innenstadt gebahnt hat, wo er Asphalt und Großstadtdschungel einen mildernden Akzent von Reichsheimstätte beigibt.

Als letztes Beispiel für die Verschränkung von Modellhauspraxis und all-

täglichem Baugeschehen sei hier das „Translozieren" genannt. Seit Jahrzehnten ist es üblich, historisch bedeutsame und regionaltypische Bauernhäuser in Freilichtmuseen umzusetzen und mit anderen zu Ensembles zusammenzufügen. Umstritten ist das Verfahren auch unter Museumsleuten, weil die Gebäude aus gewachsener Verortung in Zeit, Raum und Lebensverhältnissen genommen werden; weil die Gefahr besteht, daß auf diese Weise ein geschönter Urzustand der Häuser rekonstruiert wird; weil die Existenz solcher Freilichtmuseen oft genug Legitimation ist dafür, den erhaltenen Bestand auf den Dörfern umso bedenkenloser niederzureißen, wo er stört. Wie der Modelleisenbahner auf der Anlage transloziert, hie und da den Stil vertauscht, „von Fachwerk auf Patrizier umsteigt", die Oberhofen-Kirche in Göppingen mit dem Bahnhof von Neuffen zur malerischen Impression vereint (wogegen auf der Modellanlage auch gar nichts spricht), so wird nun auch in den Originalstädten ausgewechselt. Das alte Fachwerkhaus „Drei Mohren" in Stuttgarts Innenstadt fiel vor Jahren angeblicher Baufälligkeit zum Opfer und machte einem historisierenden Neubau mit Erker (den hatte der Vorgänger leider nicht zu bieten) Platz. Nun soll das seinerzeit verpackte Haus im „Bohnenviertel" wiedererstehen, dem nach der Calwer Straße zweiten frisch aufgepeppten und seiner Ursprünglichkeit beraubten Altstadtareal. Wie heißt es im Vollmer-Katalog doch treffend: „Ein Bummel durch die Altstadt hatte schon immer seine Reize... Bauen Sie sie einfach nach!"

Anmerkungen

1 Unter anderen:
Reder, Gustav: Mit Uhrwerk, Dampf und Strom. Vom Spielzeug zur Modelleisenbahn. Düsseldorf 1970; Christiansen, Broder-Hinrich und Leinweber, Ulf (Hg.): Auto, Lok & Dampfmaschine. Technische Spielware des 19. und 20. Jahrhunderts. Kat. d. Ausst. d. Staatl. Kunstsammlungen Kassel, Hess. Landesmuseum 1984/85; Väterlein, Christian: Eisenbahnspielzeug. Die Schienenwelt im Kleinen. In: Zug der Zeit – Zeit der Züge. Deutsche Eisenbahn 1935-1985. Kat. d. Ausst. Nürnberg 1985, Bd. 2. Berlin 1985, S. 600 ff.
2 Märklin-Chronik 125 Jahre. Wetzlar 1984, S. 51/52
3 Reder, wie Anm. 1, S. 167
4 Reichsfreiherr zu Weichs-Glon: Einwirkung der Eisenbahn auf Volksleben und culturelle Entwicklung. In: Geschichte der Eisenbahnen der österreichisch-ungarischen Monarchie, Bd.2, Wien/Leipzig 1898. Zit. nach Repr. in: Mensch und Technik. Textslg. d. Deutschen Instituts für Fernstudien. Tübingen 1983, S. 49
5 Manchester, William: Krupp. Chronik einer Familie. München 1978, S. 249
6 Märklin-Magazin. Jubiläums-Sonderheft. Göppingen 1984, S. 55
7 Reuter, Gerhard. Modelleisenbahn. Bern und Stuttgart 1982, S. 4
8 Reuter, wie Anm. 7, S. 4
9 „Märklin fährt mit Hoffnung ins elektronische Zeitalter". In: Frankfurter Allgemeine Zeitung Nr. 206, 14.9.1984, S. 17
10 Albrecht, Gunter E. R.: Quo vadis Modellbahn. Gedanken zum 25jährigen Bestehen der MIBA. In: MIBA Nr. 10, 1973, S. 640
11 Vgl. Fraenkel, Heinrich u. Manvell, Roger: Hermann Göring. Hannover 1964, S. 108, 144 u. 148
12 Werner, Frank: Nach zwei Jahren: Blick auf die Calwer Passage in Stuttgart. In: Bauwelt Nr. 4, 1980, S. 154 f.
13 MIBA 10, 1982
14 Reuter, a.a.O., S. 81
15 Reuter, a.a.O., S. 93
16 MIBA Nr. 8, 1956, S. 298

17 Reuter, a.a.O., S. 29
18 Reuter, a.a.O., S. 29
19 Werbeschrift der Firma BON-Design Wahlstedt
20 MIBA Nr. 5, 1963, S. 211/12
21 Märklin-Chronik 125 Jahre, a.a.O., S. 124 ff.
22 Reuter, a.a.O., S. 5
23 MIBA Nr. 4, 1983, S. 459
24 MIBA Nr. 6, 1983, S. 624
25 MIBA Nr. 4, 1983. S. 459
26 Anzeige in der MIBA 1968, zit. nach: Märklin-Chronik 125 Jahre, a.a.O., S. 57
27 Weinstötter, Werner Walter: 25 Jahre MIBA. In: MIBA Nr. 10, 1973, S. 631
28 Jencks, Charles: Die Sprache der postmodernen Architektur. Stuttgart 1980 (2. erw. Aufl.), S. 95
29 Bartetzko, Dieter: Der Römerberg. Ein deutscher Platz. In: Westermanns Monatshefte Nr. 5, 1985
30 MIBA Nr. 1, 1983, S. 41
31 Buchholz, Goetz: Wir wollen unsern alten Kaiser Wilhelm wiederha'm. In: Die Tageszeitung, 18.5.1985

Nichtausgewiesene Zitate zu den Häusermodellen stammen aus den Katalogen von Faller, Kibri, Pola und Vollmer der Jahre 1984/85.

Ein Teil des hier vorgelegten Textes wurde unter dem Titel „Reichhaltige Reise" in der Zeitschrift „Bauwelt" Nr.45, 1983 erstmals veröffentlicht.

Bildnachweis

Ullstein S. 9, 12, 19, 21, 31, 77, 86
AMK Berlin S. 10
MIBA S. 25, 27, 70, 71, 72, 73, 82, 98, 104
Berlinische Galerie S. 33, 33
Deutsche Kinemathek S. 67, 68
Autor S. 39, 40, 59, 69, 78, 79, 80, 83, 84, 92, 105
Werner Volmerhaus S. 29, 76, 95, 97
Andreas Hartmann S. 116

Die übrigen Bildvorlagen wurden uns von den Unternehmen Faller, Vollmer, Kibr, Preiser und Märklin zur Verfügung gestellt oder mit ihrer freundlichen Erlaubnis Katalogen oder anderen Publikationen entnommen.